中国传媒大学人文社会科学科研培育项目之青年学者出版资助项目（批准号：CUC14CB01）结项成果

网生新闻网站与高品质报道
——来自欧洲的实践与经验

赵如涵 著

中国传媒大学出版社
·北京·

序言一

网络时代新闻专业精神的涅槃

随着经济全球化和传播全球化之深入，尤其是信息与传播技术（ICTs）日新月异之演进，各国传媒生态正在经历着激烈而深刻的变革与重构，传统新闻业也正面临痛苦的转型：一方面，新闻专业人士对时事报道的垄断权已成历史，其生存空间正继续被业余"记者"们蚕食；传统媒介的社会消费时间和传统媒体的广告市场被新兴媒体分流，欧美新闻从业人员数量甚至出现减少的趋势，[①]这些现象无疑都表明新闻专业实践所遭遇的挑战。另一方面，在所谓"人人都是记者"的当今，专业新闻人士同时还备受资本力量的诱惑和折磨。坚持新闻理想还是屈从于市场压力，似乎已成为网络时代新闻专业精神的二元对立。

陷于两难境地的新闻专业精神已然式微或是仍有涅槃重生的可能？新闻实践与理论究竟有无折中主义的选择——介于媒体专

---

① 美国新闻从业人员数量自 2006 年起迅速减少，从 55 000 人降低到 2013 年的 36 700 人。Michael Barthel (2015), Newspapers: Fact Sheet, http://www.journalism.org/2015/04/29/newspapers-fact-sheet-2015/。

业采编人员和网民"记者"之间的"第三道路"？

中欧双科青年学者赵如涵博士对上述疑虑做出了深度的学理思考，并将其结论与成果通过本书呈现给新闻传播学界与业界。

她通过严肃的历史挖掘、缜密的理论解读和细致的案例分析，阐释了网络时代新闻专业精神的传承并未因信息与传播新技术的勃兴而中断，更未因市场势力的"绑架"而消解——至少在欧洲是如此。在她看来，拥有职业伦理道德和社会责任感的新闻人，作为新闻业历史转型中的专业主体，正在利用新的技术潜能和多元的社会空间，创新新闻报道和媒体运营的方式，复兴新闻专业精神，为新闻专业人士更好地践行历史使命、担当社会责任、推进民主建设提供新的路径。

书中提出的"网生新闻网站"（Internet-native News Outlets）特指由新闻专业人士创建的高品质新闻网站（免费或付费），性质介于传统媒体新闻网站与商业门户网站之间。这一原创的学术概念属略微冒险却满载理论创新的探索，完全是作者个人的研究感悟，对中国新闻传播学界和业界颇具启发性。

在欧洲，一批坚守新闻理想和专业精神的媒体人士面对传媒生态的巨变，越过传统媒体和新兴媒体各自的局限，积极利用数字网络平台和多种社会资源，打通新闻专业生产和用户参与的途径，建构共同生产新闻内容的融媒模式；在恪守新闻报道实践传统标准的同时，拓展采编渠道，回应用户需求，以"网生新闻网站"的形式坚持高品质新闻报道的专业品质，为新闻专业精神的承继与创新和网络时代的公民话语表达提供了双重保证，从而勾画了契合传媒转型的"第三道路"。其意义一如丹麦广播公司主席尤里克·哈格若夫（Ulrik Haagerup）在其《建构性新闻》（*Constructivist News*）中探讨新闻业的范式转型时所言：新闻业需要转型，目的是通过高品质的报道激发对社会问题的公共讨论，力求问题的最终解决。①

难能可贵的是，本书并未止于对新闻报道实践创新的论述，而是以新闻社会学为视阈，对"网生新闻网站"的生存空间，即传媒可持续发展的营运模式，进行了更深层次的探究，提出了丰富而多元的解析。基于对"经济决定论"（Economic Determinism）的反思，作者在书中揭示了除单一广告模式之外，专业新闻网站从社会领域获得诸如非干预性政府补贴、慈善捐款、公益赞助与用户众筹等多元资本支持的可能性。就此意义而言，本书业已超出了一般的新闻学研究，而将新闻"嵌入"社会生活的宏观框架，观照新闻业转型过程中的政治经济因素的作用，凸显了研究所具有的深刻的社会现实意义。

不难看出，新闻业的转型并非简单的技术或者市场问题，而是关乎社会民主进程和国家可持续发展的动因。无论"网生新闻网站"是否能真正成为新闻业未来发展的"第三道路"，本书对于新闻报道实践创新的相关研究，之于新闻专业精神传统的未来接续，都属对当今欧洲乃至全球新闻业发展的前沿思考，足显作者自身所具有的理论敏感和对新闻实践革新的关注及其独有的社会责任意识。

简而言之，本书在评鉴"网生新闻网站"这一传播活动专业

---

① Constructive News: The next mega trend in journalism?, http://blog.wan-ifra.org/2014/11/14/constructive-news-the-next-mega-trend-in-journalism.

创新实践的基础上，建构了两个潜在的充满理论活力的研究维度：一是针对传媒生态变革中欧洲与世界、欧洲与中国新闻业转型发展的异同以及新闻专业精神的重振；另一则是针对不同技术、市场乃至地理环境中新闻与社会的复杂勾连。这或可视为本书作者对于新闻学研究发展作出的积极而重要的学术贡献。

刘昶 博士
中国传媒大学教授、博士生导师兼新闻学院院长

序言二

突变中的新闻业

随着信息与传播技术的发展，新闻业与新闻媒体正处于一个重要的历史节点。新闻的生产、分发和接收受到一系列技术创新的影响，正在渗透进我们工作与生活的方方面面。技术的进化和应用不仅影响着社会，而且使整个媒介生态处于变动之中。与历史中技术创新的拐点效应不同——它促发的往往是媒体资源配置方式的平稳更替，新的信息与传播技术直接解构了我们所熟知的媒体的定义，并以剧变的方式持续摧毁着一个又一个的媒体形式。在这个背景下，呈现在世人面前的是始自20世纪末并在21世纪持续发酵的新闻业与新闻媒体的快速变迁。

这一变迁过程充满了对现实的关注和对未来的满心期待。一方面，当下的媒介体系虽然有着相对稳定的运行模式，但是不确定性和突变性因素正在滋生；迫于旧的盈利模式的式微，尤其是广告收入等同于全部盈利的现实，传统媒体迫切地需要重新定位自身在新传播环境中的位置。然而，另一方面，新的信息与传播技术也开辟了非常具有潜力的新的发展空间，以至于业界、政界和学界都试图迎头赶上，只是计划永远没有变化快，试图预判甚至控制这一技术革新的进程，对任何一方参与者来说，已无可能。这是一场有关智识、勇气和速度的竞争，新的技术正在以最快的速度涌入现有的媒介体系，目标是尽早获取未来发展趋势的定义权。除此之外，可以命名为"数字试错"的文化理念正在获得更多人的青睐，尤以 Facebook 公司给员工设立的座右铭为代表，即"快速突破、除旧立新"（Move fast and break things）。天花乱坠的技术宣传和对于未来充满冲动的承诺也导致了另外一种期待，那就是新闻和信息成为权力、效率和娱乐的无限来源。人类需要做的，只是点一下鼠标或者划一下手机屏幕。

在这一系列向数字化过渡的混沌之外，诸多具有决定性的技术创新已经涌现，它们为加快现有的或创造新的发展进程，并最终完成系统性转型提供了手段；它们也创造了新的机遇，使得新闻业可以顺利地融入并完成一系列转型。新的实践出现了，其中一部分成了标准流程，一部分经过实验然后被抛弃，其他的仍需要时间的检验。而新闻业和新闻媒体正处于不断地瓦解与创新的过程中，并希望借此保持自身的常变常新。在这一充满不确定性和结构性危机的转型进程中，新闻业的地位得到了保证，而新闻记者、管理者和政策制定者则不得不依靠猜测和预判来把握未来发展的机遇。

在当下的转型过程中，学术研究显得有些力不从心了。严谨的研究耗时耗力，而研究结果则可能很快过时；一个新的问题也可能很快成为过去，因为已经被众多人关注和研究。在这个背景下,赵如涵的这本书无疑是独具其重要性的,因为作者所关注的恰恰是我们应如何理解突变中的新闻业。与传统新闻媒体的网站不同,她所研究的网生新闻媒体更为开放和多元。此类源生于互联网的新闻媒体不仅依托于信息与传播技术的自主创新,也致力于革新新闻业,用崭新的手段和方式提供高品质的新闻产品,而这是传统媒体无法实现的。因此,扎实地调查研究这一崭新的新闻媒体的内部运作方式,对研究正处于突变中的新闻业而言,具有独特的学术贡献。

对民主的实现来说,新闻业扮演了核心的角色,因此,有关新闻业的任何重大变革,更不用说系统性的转型,都值得我们投入最大的学术热忱和最坚实的学术努力。

弗朗索瓦·汉德雷克斯(François HEINDERYCKX)
比利时布鲁塞尔自由大学终身教授
人文、翻译与传播学院院长
中国传媒大学"长江学者"讲座教授
国际传播学会(ICA)主席(2013—2014)

CONTENTS 目录

前言……………………………………………………………… 1

第一章 数字化迷思：技术革命与新闻报道实践的钮合……… 5
　第一节　技术决定论者的乌托邦　/ 5
　第二节　新闻报道实践对媒介技术的妥协　/ 8

第二章 新闻实践的全新探索：网生新闻网站研究导论……… 12
　第一节　网生新闻网站的研究视角　/ 12
　第二节　网生新闻网站的研究意义　/ 23

第三章 新闻报道品质的重新评估：
　　　　网生新闻网站报道的新思路……………………… 31
　第一节　欧美学界关于新闻报道品质的论争　/ 31
　第二节　欧美业界关于新闻报道品质的异见　/ 39

第三节　新闻报道品质评估体系的再建构　/ 54

第四章　多重动因合力：网生新闻网站的兴起与发展 …………… 73
第一节　网生新闻网站的源起与世界图景　/ 74
第二节　网生新闻网站的学理性分析　/ 79
第三节　不同类型新闻网站的专业实践辨析　/ 88

第五章　专业化新闻报道：网生新闻网站的生存空间 ………… 97
第一节　网生新闻网站的媒介生态　/ 97
第二节　网生新闻网站的内部环境　/ 106
第三节　网生新闻网站的理念创新　/ 122

第六章　辫子式新闻报道：网生新闻网站的公共话语共建 …… 136
第一节　新兴媒体新闻生产的"守望者"　/ 137
第二节　意见领袖与行业专家的积极作用　/ 150
第三节　新闻生产中公民的多重功能　/ 154

第七章　生存博弈：网生新闻网站的商业模式 ………………… 165
第一节　一场有关新闻付费的论争　/ 166
第二节　经营模式的经验与探索　/ 173
第三节　新兴媒体拓展战略　/ 186

第八章　深层逻辑：互联网新闻实践的经验与启示 …………… 194
第一节　互联网思维 vs 新兴媒体逻辑　/ 195

第二节 回归专业新闻报道 /196

第三节 重掌"第四权" /197

第四节 可持续经营模式的建构 /199

第五节 新闻报道品质的四重维护 /200

后记 ·· 202

附录1 访谈提纲（翻译稿） ······················ 205

附录2 访谈名单 ··································· 207

参考文献 ·· 210

前　言

  2011年9月，得益于中国传媒大学与比利时布鲁塞尔自由大学（Université Libre de Bruxelles）之间的校际合作，由中国国家留学基金委（CSC）公派，我开始了期待已久的欧洲求学旅程。在布鲁塞尔自由大学的信息与传播科学研究中心（ReSIC.），由弗朗索瓦·汉德雷克斯（François HEINDERYCKX）教授带领的研究团队每星期坚持进行学术议题讨论及博士研究生的进度汇报例会。在诸次极具张力的头脑风暴中，我对欧洲学者探讨的新兴互联网新闻发布平台"Pure Player"（笔者将其定义为"网生新闻网站"）产生了浓厚的兴趣，萌发了进行系统性研究的念头。

  在研究计划实施阶段，两位导师——刘昶教授与弗朗索瓦·汉德雷克斯教授，以及ReSIC.研究中心的大卫·多明哥（David DOMINGO）与弗洛兰斯·卡姆（Flonence LE CAM）教授给予了我很大的帮助。通过他们的联络与推荐，我于2012—2014年间多次赴法国"89街"、西班牙"日记"与比利时"阿帕奇"三家新闻网站编辑部进行实地观察与深度访谈，为研究积累了很多一手材料。

经过四年的博士学习研究与随后的持续思考，这篇稚嫩的报告终于得以出版。虽研究方法、研究规模多有局限，行文亦不免存在疏漏，但我期望以此阶段性成果为全球学术研究的宏伟版图增添多元标记。

本书的两个关键概念为"网生新闻网站"（Internet-native News Outlets）及"高品质新闻报道"（Quality Journalism）。研究主要以新闻社会学为视野，以在线新闻报道网站的发展历史为纵线，通过对文献资料的阅读和整理，结合信息与传播技术的发展与社会变革，梳理专业记者的高品质新闻报道，发布实践的历史尝试和其理论界定的发展脉络；进而以信息时代的新闻实践为横向调研，探究在新兴媒体环境下，网生新闻网站的运作模式及特点。本研究选择了欧洲具有代表性的法国、比利时及西班牙的新闻网站为分析样本，尝试解答如下问题：

网生新闻网站何以产生，其发展现状如何？相比其他类型的新闻网站，网生新闻网站有何特质？他们宣称要发布高品质的新闻报道，那么，新闻报道的品质可以测量或评定吗？如果可以评估，如何评定新闻报道的品质？他们如何面对数字技术的冲击？与此同时，网生新闻网站如何解决独立、自主地制作新闻与生存空间之间的矛盾？

为回答以上问题，本书主要分析了网生新闻网站的源起与概念界定，并从技术动因、市场动因及产业动因方面探究为何此类网站得以在世界范围内繁荣。本书的

前 言

研究逻辑及章节安排主要基于以下思路：

第一章以互联网技术的应用与新闻报道实践的历史脉络为基础，反思在技术浪潮中新闻实践活动所做的适应性调整，特别是新闻生产全过程、新闻报道本身对数字技术的妥协。

第二章是本书具体研究的框架、逻辑、理论、方法和案例的选择及研究价值应用，为本研究的导论部分。

第三章旨在对学界有关高品质新闻报道的研究进行文献梳理，通过对当下颇具代表性的世界新闻评奖进行分析，探究其内在的、潜在形成的评价体系。在此基础上，笔者尝试归纳出对新闻报道品质进行评估的参考要素与体系标准。

第四章是对网生新闻网站概念的深入梳理与探讨。通过对网生新闻网站的诞生背景、发展脉络和世界图景进行归纳，对其定义和发展趋势作出理性分析。本章末节也对不同的在线新闻报道发布方式和媒体进行了辨析和比对。

第五章是对网生新闻网站产业动因的详细论述，主要包括对宏观媒介生态环境和内部环境的观察。而后，本书作者对网生新闻网站的理念创新进行了梳理，包括其追求高品质新闻报道的理念，对传统媒体议程设置的反抗和坚持批判的态度等。

在第六章中，本书作者对网生新闻网站的三重组成力量进行了细化分析。根据"辫子式新闻理念"的内涵，结合网生新闻网站的参与者——专业记者、行业专家与读者用户在新闻生产中的不同角色，论述数字时代新闻报道中"三种声音"的重要意义。

在第七章中，本书作者系统分析了网生新闻网站多样化的经营模式，总结了网生新闻网站实践探索中的几次重要尝试，并对新媒体、数字化策略进行了解读。

第八章是本书的结论部分，对整个研究进行了归纳和总结。基于已有的研究经验，作者指出了本研究的不足与局限。另外，作者明确了有争议的问题，以便为自己或具有相同学术兴趣的同道深入探索指明方向。

第一章　数字化迷思：技术革命与新闻报道实践的钮合

第一节　技术决定论者的乌托邦

20世纪60年代末，"阿帕网"（ARPANET）在美国诞生并得以迅速发展，网络技术开始在世界范围内普及。1994年4月20日，中国与国际互联网相连的64k网络信道开通，真正的TCP/IP连接实现了。两年后，人民日报社、新华通讯社、中央电视台等我国主流媒体开始探索网络平台的新闻报道方式，新浪、搜狐、腾讯等一批商业机构开始涉足网络新闻发布业务。中国在历经以新浪、搜狐为代表的门户网站发展时期，天涯、猫扑等网络论坛快速发展时期，Web2.0时代社会化媒体服务（Social Network Service，SNS）兴起时期等几个阶段后，逐步进入"信息社会"（information society）。

当下，NICT（New Information and Communication Technologies，信息与传播新技术）特别是移动互联网络技术的发展，极大地增强了人类的传播能力,"数字化""大数据""互联网+"等词汇成为流行概念,网络将信息随时随地发散至各处,使其以节点的方式建构新型网状结构。作为传播者,同时也作为接受者的我们都成为网络社会中的一个节点,担负着信息"把关"的责任。信息获取权利范围的扩大与对新兴媒体的依赖催化了人们的浪漫想象,因此,我们对网络媒体发展与社会变迁之间的良性互动充满期待。

自仓颉造字开始,人们对每次媒介技术的跃进式发展、每次符号的推陈出新都表现出敬畏之意。当下,社会文化对信息速度的追求、对影像神话的顶礼膜拜、对虚拟世界的好奇都催生了以技术决定论为本质的乌托邦。人们对传播媒介的技术进步高度认同,并在使用的过程中逐步加深信任,最终形成对媒介的依赖。(樊葵,2008:15—30)

在笔者基于此研究进行的访谈中,曾任职于法国《解放报》(*Libération*)报社的著名记者皮埃尔·哈里基(Pierre Haski)认为当下互联网的潜力仅被开发了百分之五。即使在创立新闻网站的过程中遇到诸多困难和挑战,他依然认为互联网对新闻报道品质的提高、公共舆论空间的形成及法国民主社会的形成都有重要意义。

互联网技术的拥护者正在鼓吹:网络媒体对构建民主社会和公共舆论空间的作用不可小觑。例如,非专业新闻记者的信息发布(公民新闻)出现,信息获取与传播的开放性增强,社交媒体在群体事件中的作用愈发积极等,都在佐证新兴媒体技术对社会进步作出了极大贡献。为读者提供的"定制新闻"服务逐渐代替了传统的批量生产新闻的模式,这促进了信息的多元化发展和有效传播。正如我们对数字化的崇拜：信息时代网络技术提升所带来的传播力量将使人们经历划时代的转变，此种转变超越了时间（历史的终结）、空间（地理的终结）与权力（政治的终结）。（莫斯可，2010：2）

如果理性地看待媒介技术发展与当下社会发展之间的互动，我们不得不承认，新兴媒体可能沦为社会冲突、文化冲突的助推器，可能成为被滥用的政治舆论武器，谣言、文字暴力也不时地在新兴媒体平台上出现。各种廉价、低质信息的混杂与充斥压缩了品质新闻的制作时间和报道空间，催促记者拼抢独家新闻而放弃调查式新闻报道，从严肃新闻涉及的重要领域转向私人领域的娱乐化信息。

作为互联网络的技术延伸，智能手机已开始为我们的衣食住行提供各种便捷，甚至使我们生活在媒介情境中。迅速、多渠道地获取新闻信息是移动数字终端等新兴媒体提供的首要功能。2015年8月13日清晨，手机应用中的社交软件"微信"（WeChat）成了"天津滨海新区爆炸"相关信息的传播平台，市民拍摄的事件视频、图片充斥着其信息分享板块——朋友圈（Moments），各种谣言、纷争不断。后来，公众纷纷向传统媒体寻求答案，然而收获有限。与此同时，手机新闻集合软件正在更新推送内容，但内容都是与"天津滨海新区爆炸"无关的各类娱乐报道。究其原因，是我偶然的一次阅读记录被计算机截获，计算机用算法判定我热爱八卦新闻。公众因无法获得官方解释、专业报道、高品质新闻报道而愈加焦虑，这迫使我们去反思新兴媒体技术与新闻信息之间的关系，我们获得的新闻信息的品质提高了吗？这些新闻信息的内容对我们的生活产生的影响都是正面的吗？这些信息促进了我们对社会、经济、政治等方面的了解与参与吗？显然，与我们对媒介技术的崇拜相比，问题的答案似乎不尽如人意。

面对媒介技术带来的挑战，一些传统新闻网站和新闻从业者试图探寻新闻报道的其他可能形式。由此，新闻业界也展开了"手机为先""内容为王""融合渠道"等理念冲突与新闻消费市场的多方博弈。

第二节　新闻报道实践对媒介技术的妥协

新闻作为一种特殊的信息，其内涵在数字时代的传播过程中不断丰富。2016年2月，国家主席习近平通过《人民日报》新媒体平台发出元宵节问候语音，这则消息为我国新闻的新媒体报道提供了一次可借鉴的经验。在此之前，美国《纽约时报》网站制作的互动纪录报道《雪崩》获得了普利策新闻奖，也推动了各方对网络新闻报道形式的革新的关注。当下，对新闻报道实践的分析与反思都涉及媒体技术发展带来的多维影响，分析其原因，我们发现主要有两方面：一方面，媒体技术的创新为新闻的传播提供了更多可能；另一方面，新闻报道需要对媒介技术发展带来的变革做出妥协。

我们讨论"大数据新闻""融合新闻报道""VR体验式新闻"等概念时，无法避免地要对相关创新媒体技术的发展趋势进行预测，网络新闻报道是否会成为人们获取新闻报道的主要渠道？人们对移动数字终端提供的新闻服务的热情能持续多久？互联网、智能手机、云技术、大数据处理技术正处于人类技术发展的何种地位？

高德纳（Gartner）资讯公司自 2008 年起试图绘制新兴技术成熟度曲线（Hype Cycle for Emerging Technologies），以预测技术从被研发到成熟所需要的时间及社会关注程度的变化，并将其可视化。与新闻信息生产、发布相关的媒介技术也包含在其中。从 2012 年与 2014 年发布的趋势预测图不难看出，云计算与大数据从膨胀期望高峰期转入低谷的幻灭期，也使人们对该技术的狂热追逐状态进入相对理性的状态，其技术应用本身也进入相对成熟的发展阶段。同时，人们对大数据新闻的热情转移至对 VR 虚拟现实与新闻结合的可能性探索。新闻在不同媒介平台的报道使其具有更多元的呈现方式，同时也赋予了其更多超越原有内涵的新特质。

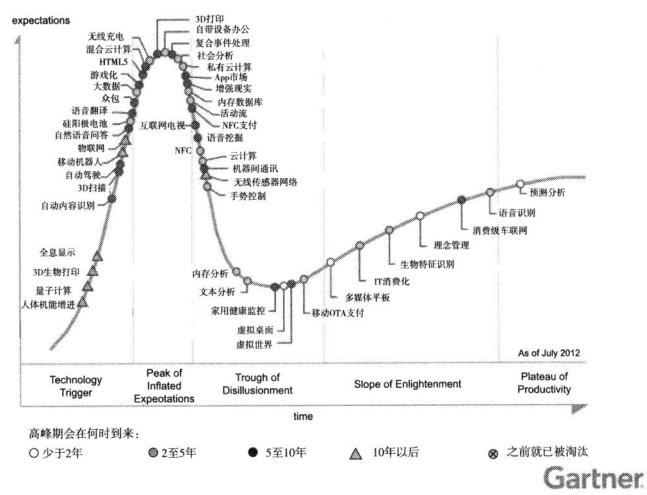

图 1-1　2012 年技术成熟度曲线[①]

———————
①　图片来源：http://Support.huawei.com/ecommunity/bbs/10148241.html?auther=1&building owner=10003915。

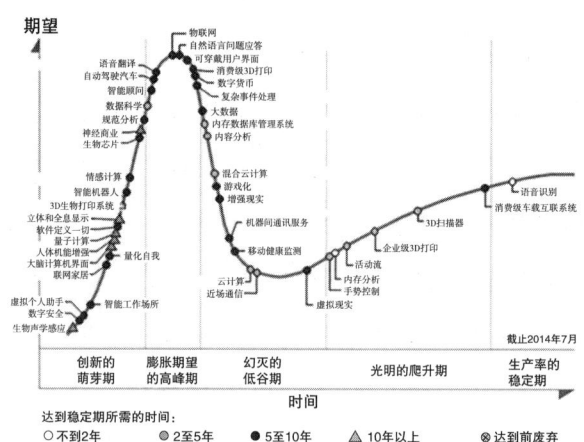

图1-2　2014年技术成熟度曲线①

自新闻出现至今，印刷技术、电子技术、数字技术的发展都给新闻业带来了显在与潜在的挑战。时至今日，新闻生产流程、新闻报道的样态与媒介呈现都在科技进步带来的媒介情境中持续探索与变革。在媒介技术与新闻报道实践不断磨合与互动的过程中产生了多重矛盾，例如，我们依靠媒介技术提供更优质的阅读体验，同时，我们也要面对数字技术带来的海量信息中产生的冗余信息。新闻组织对生产部门的整合、新兴新闻发布媒体平台的拓展、"手机为先"（mobile first）等理念的探索，这些新闻实践记录了新闻从业者主动探寻可持续发展的模式的过程，这也是对媒介技术发展的妥协。这种妥协主要包含三个层次：对媒体技术的认可与崇拜，对新闻报道方式多样化的追求，以及对新闻能触及、融合的维度有多重想象。

娱乐文化繁荣的台湾媒体为获得更多的商业利益，其纸媒常

---

① 图片来源：www.cvicse.com/kiqz/1949.ihtml?num=1。

以三维图像的方式重述社会化、犯罪等新闻故事，试图以耸动的视觉冲击吸引更多读者。更为明显的是，在近些年的美国大选中，政客的宣传多变得细致，他们甚至会针对不同媒体平台及其新闻报道特点制定策略。

媒体技术与新闻报道如何为我们社会的发展服务？这些新兴技术如何让我们在海量信息中获得更高品质的新闻？这是本研究中的网生新闻网站创立的基本理念试图回答的问题。

第二章　新闻实践的全新探索：网生新闻网站研究导论

第一节　网生新闻网站的研究视角

信息与传播技术的进步为新闻信息的传播提供了多元化的发布平台。信息与传播技术在全球范围内快速发展，新闻发布方式借助不断更新的传播技术在不同国家进行了多样化的实践。欧洲作为先进传播技术推广与应用的重要地区、启蒙思想的诞生地，培养了众多坚持专业主义精神与职业伦理的新闻记者，他们为追求高品质新闻报道进行了长期的实践探索。互联网（Internet）作为继报纸、广播与电视之后的新兴媒介之一，展示了强大的新闻传播及交互能力。移动数字终端的应用普及后，在线新闻报道（Online Journalism）实现了更大规模、更广范围的信息传播，不断突破时间与空间的局限。

与此同时，在经济全球化的影响下，媒体集团的商业垄断、政治集团的控制、媒体的勾连与新闻机构日益强化的管理制度使新闻产品的生产受制于更复杂的环境要素。目前，全球新闻生产呈现的两个最主要的负面现象为记者的"犬儒主义"与"新闻报道的娱乐化"。（舒德森，2010：108—136）因此，一些追求高品质新闻报道的专业记者更愿意选择脱离传统媒体的束缚，寻求可替代的新闻发布途径，从而进行独立报道。

由此，区别于聚合式新闻网站（aggregate news outlets）与传统媒体附属网站（online presence of legacy media）的新生新闻发布平台——网生新闻网站（Internet-native News Outlets 或称 Pure Player）应运而生。此类网站诞生于互联网平台，与传统媒体或媒介集团保持非隶属关系，他们拒绝简单复制的方式与大众化编辑的新闻报道，新闻议题的选择也有异于传统新闻网站对事件的趋同化报道。

根据对现有相关研究的梳理，本书作者发现，因网生新闻网站革新性强，目前关于此议题的研究尚未形成广泛适用的理论框架。本研究采用新闻社会学的研究视角对该类型新闻网站做系统性分析。本研究的研究对象是以互联网平台为新闻发布渠道的网生新闻网站及高品质新闻报道，研究重点是该类网站的发展背景、组织结构、新闻理念、新闻生产与商业运营经验。

一、新闻社会学的研究视角

美国学者迈克尔·舒德森（Micheal Schudson）曾于1989年提出研究新闻生产的三个主要路径，分别为：政治经济学研究路径、社会学研究路径以及文化研究路径。然而，在随后的研究中，他发现政治经济学分析路径单纯地将马克思关于"经济基础决定上层建筑"的分析应用在传播学中,进而忽略了政治体制、法律制度在传播活动中的影响(Schudson,2005)。因此,他又重新划分了四种不同的研究路径:

首先,学者们对新闻生产的组织机构进行分析。此种路径从新闻媒体的所有权及经济结构的角度出发,分析其对新闻样态和新闻生产的影响。此种研究路径的代表研究成果有美国学者哈林(Hallin)与曼西尼(Mancini)关于欧洲媒体高度商业化的研究(Hallin and Mancini,1984,2004),学者李金铨(Lee)对韩国媒体自 1987 年民主化进程以来转型情况的研究(Lee,1997),赵月枝对中国媒体报道的关于国家、市场化及自我批判意识的关系的讨论(ZHAO,1998)等。此路径多用于分析组织机制、经济模式与新闻生产各环节之间的关系,以及新技术与资本之间的深层互动。

其次,学者们试图从新闻生产的政治语境路径理解新闻生产的宏观生态环境。该路径关注政治因素控制下的媒体政策以及掌握媒体资源的主要阶层。根据《传媒的四种理论》[①]的论述,世界媒介体制主要可以分为集权主义的、自由主义的、社会责任的和共产主义理论[②]支持的体制。在此路径下,学者们从宏观角度阐释

---

① 《报刊的四种理论》原著题为 *Four Theories of the Press*,由美国伊利诺伊大学弗雷德·西伯特(Fred S. Siebert)、西奥多·彼得森(Theodore Peterson)和威尔伯·施拉姆(Wilbur Schramm)共同完成。在引入我国时,早期将英文单词 Press 译为"报刊",即《报刊的四种理论》。本书作者对此种译法存疑,同时,本书作者认为由中国人民大学出版社于 2008 年出版、戴鑫译,展江校对的《传媒的四种理论》将"Press"译为"传媒"更为准确。
② 刘海龙在其著作《大众传播理论:范式与流派》中将集权主义的(authoritarian)概念译为威权主义。

了当下媒体在特定政治话语中的不同实践经验。

再次,学者们试图从新闻工作的社会组织路径理解新闻生产流程,关于报道与资源的研究揭示了媒体的能量。例如,学者们通过对不同渠道的新闻资源进行分析发现,基于事件的新闻故事相比新闻组织发起的新闻故事具有更强的批判性及更多元的分析角度。但甘斯批判此路径过于强调组织观点对新闻选择的影响,而忽略了记者主观意识对新闻生产的作用。(Gans,1985)

最后,第四种新闻生产的探究方式是依循文化路径。该路径认为新闻是一种社会建构,它展示了发生的事件与已存在的符号系统之间的关系。

基于学术逻辑的推理以及舒德森的概括性见解,本书作者将本研究的学术逻辑整合为如图2-1的逻辑框架:

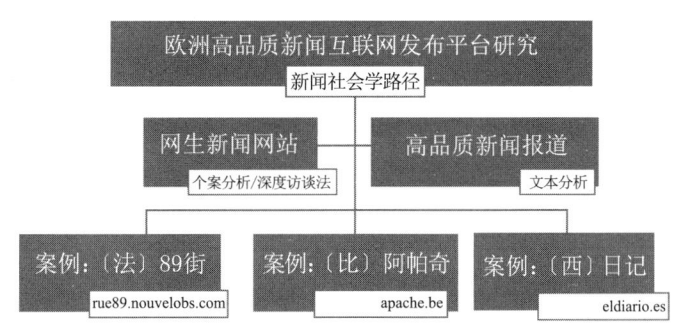

图2-1 本研究的主要逻辑框架

首先,梳理互联网技术的发展与高品质新闻报道理念的流变,它们为网生新闻网站的诞生提供了技术可能和理念基础。其次,网生新闻网站的定义及其演变历史是本研究的中心议题,研究由此得出经验性的总结,包括网生新闻网站的实践主体理念、经典新闻理念以及对为网生新闻网站发展提供物质基础的可持续性商业模式的探究。最后，本研究总结了网生新闻网站的深层影响以及其发展过程中相关人士对新闻实践、新闻品质、新闻专业化的再思索。

二、互联网新闻的不同研究面向

本研究中还有一些重要的理论概念具有方法论的意义。这些概念分别来自于不同学科，但对认知它们的研究对象有益。一定程度的理论关联有助于深入探析本研究所针对的现象。

首先是来自于新闻学研究的新概念——参与式新闻报道，它意指普通公众可以借助现代网络技术主动地参与到传播活动中。美国学者最初在研究此现象时还先后用过开放信源新闻（open-source journalism）、个人媒体（personal media）、草根报道（grassroots reporting）[①]、博客新闻（blogging journalism）等名称，最后参与式新闻（participatory journalism）得到了大家的一致认可。（蔡雯，2005）

其次是来自于经济学和管理学的重要概念——长尾理论（the long tail）。这个理论是克里斯·安德森（Chris Anderson）通过对亚马逊、谷歌等商业网站的销售情况进行分析得出的结论。他认为互联网给商品提供了更多的销售渠道，因此以前看似需求不高或极少的产品都能找到买家和卖家。该理论说明：互联网提供的

---

① 英文"grassroot"有两层含义：一是与政府和决策者相对的势力，二是与主流、经营阶层相对的弱势阶层。本书作者认为，在新闻学研究中，"grassroot"更多地是指代平民概念，而不应是中国内地传媒及社会语汇中的"社会底层"的概念。

销售平台让曾经"冷门"的产品成为"热门"。在本研究中,长尾理论解释了在诞生于互联网的新闻发布平台上,部分读者可以运用不同的渠道获取高品质的新闻报道的现象。值得注意的是,新闻作为信息传递的一种虚拟产品,可以发挥低成本优势;同时,新闻的生产过程需要较高的成本,但相比于互联网诞生前的信息采集,成本已经降低。因此,本研究中的此类网站改变了传统的新闻付费模式,阐释了新闻产品生产过程中读者对高品质的新闻报道的渴望,以及专业记者的专业主义精神。

再次是哈佛大学心理学教授米尔格兰姆(Stanley Milgram)提出的六度分隔理论(Six Degrees of Separation)。此概念假设,在当下环境中,陌生人之间建立联系只需要6个人。社交网络的强大作用已经得到了广泛的认可,在信息时代的联通作用也显而易见,无论是商品营销还是政治宣传,都在最大限度地应用社交网络,通过更精准的定位为自己造势。新闻网站也不例外。本研究的三个案例充分应用脸书(Facebook)、推特(Twitter)等渠道进行新闻线索的搜集、验证和发布,通过数次转发后,新闻会传递到世界的不同角落。

最后是学者们关于大众传媒和数字网络传媒公共领域建立的讨论。法兰克福学派的代表尤尔根·哈贝马斯(Jurgen Habermas)首先在其著作中详细论述了公共领域(Public Sphere)的概念。在哈贝马斯之前,约瑟夫·熊彼特(Joseph A.Schumpeter)等学者都对此议题进行了论述。不同的是,在哈贝马斯的论述中,大众传播媒介的相关问题处于核心地位。学者们对于现代社会是否有公共空间的争论从未停止,特别是互联网的出现是否标志着公共空间的真正诞生引起了新的讨论。本研究中的网站基于读者的广泛参与、记者与他们的互动，以及对公共议程的影响，为针对公共领域的研究提供了有价值的分析案例。

除上述理论之外，还有两个重要的社会思想观念或曰社会想象，即后现代主义思潮（post-modernism）及信息社会（information society）。前者对现代文明及传统文明的不同方面进行了批判性反思，后者对信息变革的意义、在现代生活中的地位以及是否将人引领至一种新形态的社会进行了讨论。从目前的在线新闻报道发布情况看，后现代主义思潮集中反映了追求耸人听闻的新闻描写、盲目追星、新闻娱乐化、肆意传播谣言等问题。尽管后现代主义思潮带来了新的哲学思维方式，但我们不能忽视这种思潮带来的消极影响。

信息社会的概念作为20世纪80年代至90年代新自由主义政策扩张后的系统研究的内容，帮助我们理解了商业竞争与资本扩张语境中信息的社会属性。在欧洲学界看来，人类已从农业社会、工业社会过渡到了知识社会，而非信息社会。事实上，信息社会的概念并没有被学者们详细论述，但不同的学者都极具思辨性地提出了自己的观点。从丹尼尔·贝尔（Daniel Bell）的后工业社会（post-industrial society）概念到安东尼·吉登斯（Anthony Giddens）的结构化理论（structuration theory）和反思性现代化（reflexive modernisation）概念，人们在面对社会的发展及转型时，都将信息置于重要地位。（韦伯斯特，2011：10—40）

显然，笔者详细阐释本研究涉及的这些概念存在一定困难，因此只对该研究的相关概念进行简单的分析，并在之后的分析中检测结果、提供分析的相关依据。

三、研究方法

在确定研究对象及研究问题后，本研究选择了新闻社会学路径，并在其中寻找适当的研究方法。根据提出的研究问题和选择的研究路径，本研究将采取个案分析法、深度访谈法和文本分析法。各研究方法的选择和实际操作设计大致依循以下思路：

（一）个案分析法

通过对在线新闻报道和网生新闻网站的资料进行整理，基于对欧洲各国新闻网站的发展及其基本情况的了解，本书选取了法国、比利时和西班牙的3个网生新闻网站作为主要探究对象，它们分别是：法国网站"89街"（rue89.nouvelobs.com）、西班牙网站"日记"（www.eldiario.es）、比利时网站"阿帕奇"（www.apache.be）。另外，本研究还涉及其他3个传统媒体附属网站：法国网站"世界（报）"（www.lemonde.fr）、西班牙网站"国家（报）"（www.elpais.com）、比利时网站"晚（报）"（www.lesoir.be）。选择这些案例的具体原因如下：

首先，出于地理上的便利性。因为本书作者在欧洲求学，因此选取法国、比利时和西班牙的案例，从地理位置出发更有利于收集第一手资料。

其次，鉴于欧洲学术传统。欧洲作为批判研究的发源地，有深厚的文化底蕴及丰富的传播研究经验，资料充足、路径多元。

同时，欧洲的新媒体技术地位领先，早期欧洲记者与公民对于民主诉求的探索和尝试对世界其他国家影响颇深。

再次，"89街""日记""阿帕奇"分别为法国、西班牙、比利时网生新闻网站的代表，它们的实践活动较其他网站早，并且在各种竞争中探寻到了初期生存的商业模式。在倡导新闻专业主义和自由独立的报道中，这些网站的新闻实践获得了阶段性的成功。尽管其发展历程各不相同，但满足了网生新闻网站的各种特质，并凸显了发展历程中各阶段的特点。

最后，根据西班牙出版信息与控制（Oficina de Justificación de la Difusión OJD）的统计，2012年全国性国家报纸《ABC报》（*ABC*）、《世界报》（*El Mundo*）和《国家报》发行量都超过20万份，其中《国家报》的网络化和数字化进程起步较早，对社交网络的应用也早已开始。同时，《国家报》也被当地民众认为是西班牙纸媒中的严肃报纸［英国学者科林·斯巴克斯（Colin Sparks）将其定义为半严肃报纸，理由详见下文］。法国的《世界报》和《费加罗报》（*Le Figaro*）是本国传统纸媒中的佼佼者，其发行量和公信力都已在历史的发展中收获了丰厚的积淀。相比之下，《世界报》的网络化发展较为突出，故本研究以此为案例之一。比利时的双语环境决定了媒体的语言多样性特质，因此无论何种选择都无法穷尽，故研究选择了法语报纸中的权威代表——《晚报》进行比较，其发行量和公信力在本国报纸中较为领先，尤其是其新媒体策略积极主动，其网络化、数字化程度和营销都超越了其他同类别媒体。

（二）深度访谈法及观察法

在确定案例的选择后，笔者制订了进一步的研究计划——对3个网生新闻网站的编辑部进行观察，并对其采编人员和创办者进行深度访谈。观察法主要通过自2012年起对3个网生新闻网站的新闻编辑部进行实地观察实现，由此，笔者对不同网生新闻网站的新闻编辑文化、新闻生产的实践方式、专业记者的日常工作状态和方式等都有了具体、细致的了解。

本研究力图通过访谈法对网生新闻网站从业者的工作态度、动机等深层内容做更详尽的了解，进而通过组织者亲口叙述其工作内容、工作方式等途径了解网生新闻网站的运作机制。

本研究的访谈和实地调查时间安排如下：2012年9月4日至9月15日在法国巴黎对网生新闻网站"89街"的创立者、专业记者和编辑等进行访谈，并对编辑部进行调查；2013年5月10日在比利时安特卫普对网生新闻网站"阿帕奇"的创始人进行访谈，对编辑部进行调查；2013年8月29日至9月1日在西班牙马德里对网生新闻网站"日记"的创始人、记者及编辑进行访谈，并对编辑部进行调查。

接受访谈者共计27人，其中，法国网生新闻网站"89街"19人，比利时网生新闻网站"阿帕奇"1人，西班牙网生新闻网站"日记"7人，每位受访者的深度访谈时间约为45分钟至2个小时不等。除去无效数据并排除在网站实习不满一周的记者的访谈，有效访谈者共计20人。访谈的目的是了解网生新闻网站中新闻专业记者的自我认知、他们由传统媒体转向网生新闻网站的主要原因、目前的工作环境、对高品质新闻的评估和实践方法、网站的运营模式等。

（三）文本分析法

本研究运用文本分析的目的是探究文本的内涵及价值，以便使作品内容被更广泛地接受。本研究将选取法国网站"89街"与"世界报"、比利时网站"阿帕奇"与"晚报"、西班牙网站"日记"与"国家报"中的部分新闻报道进行文本分析。在特定的网生新闻网站中选取媒介内容进行解读，有利于更清晰地阐释新闻报道内容的意义和价值。本研究分析深度访谈中关于高品质新闻报道的解读，同时，运用叙述学分析法详细解读被选取的网生新闻网站的新闻报道。

本研究采取构造周的抽样方式：从2013年9月9日开始，第一星期抽取星期一各网站的主页、脸谱网和推特中的主要内容，第二星期抽取星期二的，第三星期抽取星期三的，依此类推。由于"89街"与"世界报"为法语新闻网站，"阿帕奇"与"晚报"为荷兰语新闻网站，"日记"与"国家报"为西班牙语，无法对所有新闻报道进行统计。

本研究的文本分析将采取北美学者采用的内容监测法（monitoring of media content）（ZHAO，1998），即选取特定的新闻报道及新闻项目进行分析研究，其步骤如下：

首先，本书作者将整理、分析首页上的新闻故事，对比其与各国传统媒体的议程设置之间的异同。因法国网生新闻网站"89

街"宣称为保证新闻品质,每日更新新闻故事,以20个为上限,故本研究在6个网站主页中每日节选15—20个主要新闻内容进行比对,并根据网站的板块设置、新闻内容等进行分类,以清晰地展示不同网站议程设置的不同重点。

其次,进一步分析不同新闻发布平台的新闻价值选择差异及对高品质新闻报道定义的标准。

最后,选取传统媒体集团与网生新闻网站中关于相同议题的报道,着重分析新闻内容的报道方式、数据来源等问题,揭示不同新闻网站对相同新闻事件进行呈现和构建的异同。

第二节 网生新闻网站的研究意义

一、已有的学术积淀

本研究中的两个主要概念为高品质新闻报道和网生新闻网站。学界有关新闻品质的早期研究分别聚焦新闻定义、新闻价值、新闻的客观性等问题的探讨,而针对新闻品质的具体研究还不多见,例如,美国学者比尔·科瓦奇(Bill Kouach)在其著作《新闻的基本原则》中提出了新闻报道需要恪守的规范和责任,盖伊·塔齐曼运用社会学视角分析了新闻报道中的多元挑战;国内学者蔡雯对信息时代"公民新闻"的出现和实践进行了分析,陆晔、潘忠党等对新闻专业主义在中西方的普及和影响以及该理念影响下的新闻实践活动进行了反思。进入21世纪后,对新闻品质的实证性测量和分析逐渐丰富,学者皮特·安德森(Peter J.Anderson)、迈克尔·威廉姆斯（Michael Williams）等合著的《高品质新闻报道的未来》（*The Future of Quality News Journalism*）收录了世界各地学者评估新闻品质的各种尝试。（具体分析详见本书第三章）

近年来，在关于在线新闻报道（online journalism）的研究中，网生新闻网站的相关研究成为新闻传播学研究范畴中的全新课题，已有的相关研究大多集中在网生新闻网站的实证分析及商业模式探析上。然而，由于网生新闻网站概念本身的创新性、动态性及其内涵的丰富性，研究伊始，学界对此类网站的定义、概念、内涵及外延等始终存在争议，甚至至今尚无准确、完善且统一的英文表述，与其对应的中文表述亦为空白。

笔者在研究中发现，目前有关网生新闻网站的学术文献主要以欧洲新闻传播学界的贡献为主。例如，法国学者奥雷利安·贝尔热罗（Aurélien Bergerot）在对所选取的两家法国知名的网生新闻网站——"89街"及"共享媒介"进行观察和访谈后，对此类网站的发展历程进行了梳理，并从社会学的角度对其进行了学理分析。（Bergerot，2009—2010）

又如，法国学者阿提桑·哈姆拉桑（Athissingh Ramrajsingh）运用穆贺曼（G.Mulhmann）的新闻理想的解读框架、福柯（M.Foucault）的"生命权利"概念（Biopouvoir）以及迪瓦尔（J.Duval）的信息处理中的经济角色的概念，对网生新闻网站进行了三重路径式分析。（Ramrajsingh，2012）

第二章　新闻实践的全新探索：网生新闻网站研究导论

二、研究的理论意义

最早的关于新闻的学理性研究可追溯到德国人拜厄斯·波伊瑟（Tobias Peucer）1690年完成的拉丁文博士论文《关于新闻报道》（*Progenitor da Teoria do Jornalismo*）。（徐耀魁，1998：129—130）报纸于19世纪中叶转变为大众化传播媒介以后，新闻学分别于19世纪末和20世纪初开始在德国和美国的大学作为独立学科进行人才培养。中国新闻学研究的起点则以1918年北京大学新闻学研究会的成立为标志。①

中国对"新闻"的定义及实践的讨论已有丰富成果，也有了一定的学术积累，但有关在线新闻报道的研究有限，特别是网生新闻网站研究领域还未有人涉猎。因此，本研究基于媒介全球化的背景，以法国、比利时、西班牙的网生新闻网站为分析案例，通过访谈法等研究方法，收集第一手资料，进而系统地分析欧洲专业记者追求高品质新闻报道的实践活动。高品质新闻报道是在线新闻报道研究的一个方面，它包含对新闻报道要素的评估及对新闻专业主义规范下的新闻实践的探讨。本研究通过对专业记者实践的分析和归纳、对网生新闻网站经验的梳理，为新闻传播研究的整体性提供新的契合点。

在中国新闻改革30多年的进程中，新闻学研究历经多次思想变革，其中对新闻与宣传的关系的再讨论促进了对新闻媒体功能

---

① 1918年10月，北京大学新闻学研究会成立，会长蔡元培，研究会导师由徐宝璜、邵飘萍担任。

的多元化理解。其次，关于新闻真实性和新闻是否具有商品性等议题的探讨，为新闻走向市场的思考奠定了基础。再如，聚焦公共利益的、有关新闻专业主义理念的争论使新闻专业主义在中国的本土化这一命题得到新的关注。值得注意的是，业界的新闻从业者与学界的研究者对于新闻专业主义的理念持不同看法，他们之间的分歧聚焦于西方新闻实践精神在本土是否适用的问题上。

首先，上述对新闻实践的研究和探索对本研究具有指导意义。秉承先前学者的探索精神，本研究试图对在线新闻报道的发展趋势进行前沿性论证。在研究过程中，笔者首先对高品质新闻报道的标准及其界定进行梳理，为新闻学研究中的客观性等讨论提供新的依据。作为关于新闻另类发布途径的研究，本研究提出了新闻业务研究的新视角和案例，对高品质新闻报道概念的回溯也有利于梳理新闻实践与媒体在时空关系中交汇与融合的经验。目前国外对于新媒体、另类媒体、新闻危机等相关议题的研究甚为丰富，分析角度与案例选择也更为多样。相比之下，我国新闻实践和研究具有自身特点。在不同的社会语境、文化背景和政治制度的影响下，中西方关注的研究重点和分析所采用的维度在交汇中保有其独立特征。

其次，本研究对新媒体形势下的高品质新闻报道的深层考察为新闻传播学相关理论研究提供了丰富的实践依据。有关"什么是新闻""何为高品质新闻报道"的反思持续已久，基于学者的不同解读，本研究采用全新视角，以专业记者为分析主体，深入分析其与公民、专家共同参与的新闻实践活动。其中，研究对职业记者的自我定义和自我表达的调查，对不同的关于高品质报道的观点进行的分析，对其发布渠道的系统调研，都为新闻理论与传播理论等研究提供了价值丰富的实践经验样本。

最后，本研究对新兴媒体与高品质新闻报道的发展史的梳理从纵向的维度解释了媒介与新闻实践的交互作用及记者实践的演变过程。新闻实践的开始是以媒介的发展为技术依托的，新兴媒体为新闻提供了主流媒体以外的信息发布平台。同时，新兴媒体也为受众与传播者之间的角色转换提供了便利条件，从而使专业记者本身的角色发生转变。

本研究的主要目的是回答"什么是高品质新闻报道"及"什么是网生新闻网站"等问题，通过辨析"网生新闻网站""另类媒体""混杂式媒体"等相似概念的异同，明晰概念范畴。而对欧洲新闻品质现状的探究，有利于我国汲取发达国家新闻实践与新媒体技术发展的经验。

三、研究的现实意义

人们对信息多元化的需求迫使记者们在专业媒体以外寻求新闻报道的替代途径。可替代途径最初便是由专业记者提出的、借助多种媒体形式进行的高品质新闻报道实践活动，这类实践活动试图让公民参与其中。这是公民积极主动参与构建公民社会的行为，也是专业记者的一次有效尝试，因此对其信息的调研和把握、对相关实践经验的分析和探究对于国家媒介政策的制定、新闻媒体的运作、从业人员的自我定义都有一定的参考价值和借鉴意义。

网生新闻网站新闻生产过程中的互动性是公民参与社会议题

讨论的重要途径：作为报道信息的专业记者，他们是现实社会与政府理想社会之间的沟通中介和信息交换使者；同时，他们作为公民，又是国家的主人和民主社会的参与者。关注他们的新闻传播活动，有助于建立新的对话机制、协调社会与政府的关系、鼓励公民和政府间的对话。

高品质新闻报道的可替代发布是专业记者拓展表达权利的积极实践，也是公民构建公民社会的主动尝试和重要的参与手段。在新媒体不断更新的当下，信息传播速度越来越快，新技术使得短小、便于复制的消息以裂变的速度传播。但是，感官化的图片及耸动的标题易获得更多的点击和转载，深层报道和新闻调查在信息时代的式微和主流媒体规避或忽略新闻报道的同质化都反映了新兴媒体报道发展的负面趋势。因此，系统地探寻网生新闻网站的新闻实践模式具有现实意义。

本研究通过对网生新闻网站相关研究进行整理并对其发展经验进行系统分析，所得结果可以对新闻的实践主体，即专业记者在数字化时代的新闻发布起指导作用。研究对曾工作于传统媒体，现运用互联网获得多元话语权的记者进行自我认知的调查分析，可以探究其进行实践的动机和目的，理解其进行采、编、播等新闻活动的原因及诉求，这对传统媒体及其他媒体记者实务技能的提升具有借鉴意义。

中欧媒介规制政策有较大区别，但两者对新闻价值的追求和其新闻实践的技术性因素具有潜在的内在联系。因此我国可以参考欧洲对新闻发布的干预手段，结合中国现状制定指导专业记者实践的相关政策。

本研究可以为媒体组织特别是传统媒体提供借鉴。专业记者寻求另类报道途径的重要原因是传统媒体受自身价值观的限制和机构局限，在某些议题上报道缺位，并缺乏独立、深刻的高品质新闻报道。因此对记者追求高品质新闻实践的系统性分析有助于传统媒体反观自身的不足，回顾议题之间的相互构建，探究不同运作模式给专业记者及受众带来的影响。本研究通过对法国、比利时及西班牙的案例进行分析，从整体上把握网生新闻网站在欧洲乃至世界的发展趋势，同时为中国媒体提供参考依据。

四、研究的创新意义

目前我国关于新闻及其实践的研究已有很长的历史，也有了一定的学术积累，但对高品质新闻报道和新闻报道的另类尝试，尤其对其未来的发展走向还缺乏前沿性的研究。本研究旨在利用对新生新闻实践平台的分析和探究引起各国学者的关注，以期在未来的研究中形成系统性成果。

本研究主要以欧洲媒介及其所处社会环境为背景，以法国、比利时及西班牙的3个网生新闻网站为例，对专业记者寻求高品质新闻报道的实践进行剖析，因此本研究具有较强的学术前沿探索性。另外，本研究在研究过程中有如下创新意义：

首先，本研究对高品质新闻报道标准及其界定的分析为新闻学研究中的客观性等讨论提供了新的依据，对于新闻的另类发布途径的研究为新闻业务研究提供了新的视角。

其次，本研究对新闻网站组织结构的分析从不同维度阐释了媒介技术发展与新闻实践的交互作用，以及专业记者在特定的组织结构中的实践过程。同时，以法国、比利时及西班牙网生新闻网站为例，总结、借鉴了欧洲新闻发布样态的实践经验。

最后，通过对高品质新闻报道及网生新闻网站的多方面调查，提出了高品质新闻报道的构成要素和网生新闻网站的实践意义，这也是方法、视角及案例方面的多重创新。

第三章 新闻报道品质的重新评估：网生新闻网站报道的新思路

在阅读新闻报道时，我们似乎可以对新闻报道的品质进行感知、评价，但评判标准却因人而异。我们通常也会认为，新闻报道的品质因媒介、报道形式的不同而有异，但是，当我们试图以学理性思维评定新闻的品质或标准时，挑战便接踵而至。笔者在本研究中进行了一次大胆尝试，即本章试图通过梳理欧美学界有关新闻品质的相关研究，并结合学界（学者、研究人员），业界（专业记者、新闻评奖）的观察和实践经验，根据不同视角的观点和测量方法，探寻一套可评定新闻品质的系统。

第一节 欧美学界关于新闻报道品质的论争

如果追溯新闻品质相关讨论发展的历史，大概要以15—18世纪在欧洲及新大陆出现的"单面印刷物"（popular print）为源头。因这种单面印刷物使用一种宽版纸张出版，后成为一种新的规格形式，所以也被称为宽版报纸（broadsheet）。这种报纸最早用于皇室发布官方公告，后被人们当作刊登政治行动的讲稿和进行叙事的载体。宽版报纸版面丰富，可对事件进行深入报道，此外，此种报刊因为较少刊登煽情、感官化的题材，也被称为质报（quality press）。因此，早期对新闻品质的区分多以其刊登的内容为标准。那时，多数英国报纸都保持着严肃的态度和高品格，但新闻报道的品质因猎奇的叙事方式的出现而发生了改变。18世纪中期至19世纪末，"便士报"（Penny Press）与"黄色新闻"（Yellow Journalism）的出现推进了英国报刊的大众化，并渐进式地帮助商业性新闻传播模式走向正轨。与此同时，充斥着丑闻、性等感官报道和耸人听闻的故事的小报（tabloid paper）出现。传统质报的概念从内容上区分了不同报纸的新闻呈现方式，同时催生了一种不同社会阶层的符码：当时，处于社会中上阶层的群体与知识界人士偏重质报。由此时开始，这种新闻报道与社会现实之间的建构关系开始被人关注。

21世纪，学者对已有的报刊内容进行了类型化分析。例如，英国学者柯林·斯巴克斯（Colin Sparks）根据新闻报道的主题、形式、图片比例等将报纸的种类系统地分为5种：

第一，如报道内容几乎全部是严肃新闻话题，可被划分为严肃报纸（serious press）。例如，1889年美国纽约出版的财经报纸《华尔街时报》（*Wall Street Journal*）和英国1888年创办的国际性金融媒体《财经时报》（*Financial Times*）都是此种分类的代表。

第二，当新闻报道只包含少量严肃内容时，可归为半严肃报纸

（semiserious press）。他们关注严肃的新闻议题，但在其报道中存在部分软新闻，并且所占比重会持续上升。如法国著名哲学家、作家让－保罗·萨特（Jean-Paul Sartre）于1973年创办的《解放报》（*Libération*）与其于1976年在西班牙首都马德里创刊的报纸《国家报》（*El país*）。

第三，严肃—大众型报纸（serious-popular press），它们关注丑闻、运动、娱乐信息等内容。例如，美国于1982年创办的彩色的全国性日报《今日美国》（*USA Today*）即是此种类的代表。

第四种是新闻标准小报（newsstand tabloid press），根据各个国家的具体情况，此种类的差异较大。英国的《太阳报》（*The Sun*）和德国的《德国图片报》（*German Bild*）都为此类报纸。

第五种是超级市场小报（supermarket tabloid press）。事实上，此种报纸比较边缘化，目前在中国并不常见。相反，在美国等欧美国家，此种报刊的比例远远大于前四种报纸。（Sparks，2000）

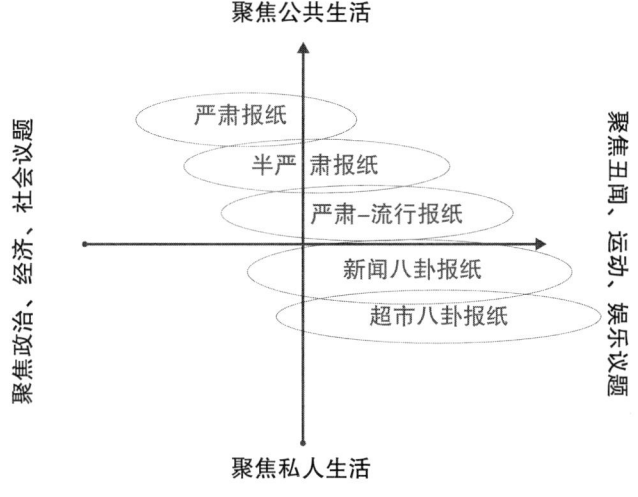

图3-1 柯林·斯巴克斯的报纸种类划分

柯林·斯巴克斯的研究依据报道的内容与比例划分对报纸媒体进行了类型化分析，为新闻报道品质的研究提供了参考。另外，学者们也根据不同的评价标准展开研究。例如，除新闻报道内容可以成为探讨的依据外，我们还需注意新闻的生产流程，即新闻的发布和产出，探讨其是否受到商业因素与政治因素的影响。例如，聚焦大众、娱乐化和反映流行趣味都是商业考量的重要因素。因此，新闻的生产和选择通常有三个动因：首先，是竞争；其次，是受众的种类和报道的地理区域；最后，是新闻机构的预算。(Allern, 2002: 145)

新闻是对客观发生的事实的叙述，对事件的不同选择也体现了对新闻价值的不同判断。新闻价值是衡量一个事实是否值得报道的标准，也是一种效用（使用价值）。对接受者来说，是对新近发生的事实的一种价值判断，一种特殊的即时性信息效用。达到标准的新闻或能满足读者对外部事物的好奇心和兴趣，或能帮助读者对利益相关的事情作出决策。在此，笔者主要探讨部分欧洲学者有关新闻价值的学术见解。

学者约翰·加尔东（John Galtung）与玛丽·鲁基（Mari Ruge）于1963年在奥斯陆和平研究大会上发表相关研究，后于1965年再次发表相关研究，并第一次系统地提供了新闻价值要素的列表，其中包括：频率（frequency）、出发点（threshold）、无歧义（unambiguity）、有意义（meaningfulness）、共鸣（consonance）、出乎意外（un-expectedness）、持续性（continuity）、构成（composition），以及相关精英国家、精英群体等。(Galtung & Ruge, 1965) 托尼·哈尔卡普与奥尼尔在此基础上增加了竞争

(competition)、可预测性（predictability）、联合性（co-option）与预先制造（prefabrication）等因素。（Palmer，1998：378）40年后，他们的研究（Harcup & o'Neil，2001）成为新闻教育的重要参考。他们的研究也被认为是新闻价值研究的基础。随后，舒茨在此基础上提出新闻选择的6个维度：地位（status）、节奏（calence）、关联（relevance）、身份认同（identification）、共鸣（consonance）及动态（dynamics）。（Schulz，1982）以上研究均为判定新闻价值提供了可参考的依据，并引发了学界对新闻价值判断的研究热情，来自世界不同国家的学者对新闻价值展开了多重角度的研究。例如，学者拉维（Lavie）与雷曼·维兹（Lehman-Wilzig）通过受众分析，认为不同性别的群体对于新闻价值在广义上有相同的标准，只有少许不同。（Lavie& Lehman-Wilzig，2003）另一方面，波士顿大学学者丹尼斯表达了不同意见，通过对38个国家的国际新闻报道进行研究，他发现，新闻报道无法用新闻价值单一标准进行解读，经济利益、信息可用性、国际新闻的生产成本等都对信息在不同国家的传播有影响。（Wu，2000）

真正有关高品质新闻报道的研究可以追溯到约翰·马瑞尔（John C. Merrill）对报纸新闻品质的研究，他认为高品质报纸的标志是自由的、勇敢的、可靠的、独立的，并对读者负责。他将高品质报纸的评价标准分为5点：

1．独立、财务稳定、诚信、社会关怀、良好的写作和编辑。

2．观点鲜明、阐释重点、世界意识、文章非感官化。

3．强调政治、国际关系、经济、社会福利、文化努力、教育和科学。

4. 注重发展与培养聪慧的、受过良好教育的、技术熟练的、善于表达的新闻从业者。

5. 以服务、帮助吸引国内外受教育水平良好的知识读者，激发影响世界各地意见领袖。（Merrill，1968）

总体而言，新闻品质难以定义是因为它不仅反映消费产品的价值，同时也反映民主社会中达到社会、政治、文化传播目的所需的中心要素。学者皮卡尔（Picard）认为测量新闻品质的途径应是就新闻活动本身进行判断，例如新闻花费时间、付出努力越多，新闻品质就越高。因为充足的时间成本可以提高新闻实践的活动力和调查结果的品质，相反，不充足的时间会降低活动力和品质。皮卡尔用时间和金钱的付出来衡量新闻品质是一次有效的尝试，他将内部质性相连的概念量化：通过对访谈、电话收集信息、参与事件、阅读相关背景资料、新闻发源地的实地考察等行为的测量来判断新闻品质。（Picard，2000：97—101）

纵观高品质新闻报道研究，笔者将其归纳为三个方面：

首先，从新闻从业者的角度对高品质新闻报道进行研究。学者李欧·伯格特（Leo Bogart）运用量化研究为后人提供了一种研究范式。1977年他对746位美国报纸编辑进行访谈，之后得出结论："任何产品和服务的品质都可以由其创造者和生产者判断。"他的研究主要对以下三方面进行测量：编辑自己撰写的文章、无广告的编辑内容及对新闻背景的阐释。品质与价值不同，消费者对利益的评定与消费相关，价值是主观的判断，品质的提高需要付出代价，但是某些方面的微小提高对消费者来说要付出的代价过于巨大。（Bogart，2004）但伯格特并没有给新闻品质下明确定义。

其次，从新闻生产及经济角度进行调查。媒介及经济学者史蒂芬·赖斯（Stephen Lacy）认为内容品质与发行量相关，因此基于伯格特的研究，赖斯与弗雷德日克·费柯（Frederick & Fico）于1984年随机选择了美国114家日报进行研究，测量的要素包括拷贝新闻和员工原创写作的比例、非广告版面的数量、硬新闻深度报道的比例、线上服务人员的数量、图表比例、新闻故事的平均长度及员工总数中知名作者的数量。结果显示，1995年报纸发行量下降率达到22%，这与1984年的报纸品质有关。但同时，发行量随新闻编辑部投资的增加而上升，发行量的三分之一与新闻品质相关，当品质达到一定程度，这种影响便减退。奇怪的是，商业竞争却促使报道改进、促使报道者更加努力。同时，发行量与内容有关，许多研究支持这种联系。（Laly & Fico，1990）

除此之外，薪资水平也是影响新闻品质的重要因素。以印度为例，其媒体面临广告缩减、受众碎片化等问题，媒体经营受到多重打击，这直接导致了印度记者的薪资水平离国际水平有巨大差距。因此，许多记者为生计放弃特殊话题并在从业过程中牺牲了其自身的职业道德。（Sonwalkar，2014：267—280）

最后，从媒介文化及数字化呈现的角度进行了反思。在对阿拉伯国家进行的高品质新闻报道研究中，研究者强调了文化和宗教的特殊属性。根据2007年的记者调查，97%的记者将自己的宗教信仰列为首要的身份认同因素。（Weaver, Beam, Brownlee & Voakes，2007）在阿拉伯国家的新闻环境中，也无法将文化、宗教、政治立场和反对者形态等因素剥离开来。

高品质的报道内容可以提高新闻的社会影响和可信度，学者菲利普·梅耶（Philip Meyer）将其称为影响模式（influence model）。尽管他并未提出有效评测高品质新闻报道的方式，但他认为新闻品质的某些方面是可以测量的，如新闻的可信度、高品质新闻报道与收益率之间的联系等。另外，他为新闻组织加强新闻内容品质与商业运行的关系提出了建议。（Meyer, 2010）

面对数字时代媒体的娱乐化倾向，美国学者尼尔·波兹曼（Neil Postman）的著作《娱乐至死》阐述了电视声像逐渐取代书写语言的过程，他认为电视传媒的娱乐本性使得非娱乐性的信息利用声像包装了自己，最终导致这些信息在内涵上缩水。（波兹曼，2011）在线新闻报道网站也面临着同样的危机，由点击率、广告引起的娱乐化使得在线新闻报道在品质上无法与传统媒体抗衡，特别是在纸质媒体一贯保质的情况下，在线新闻报道从传统媒体的格式化样态转变为非固定的、流水般顺畅的传播方式，即波兰社会学家格蒙特·鲍曼（Zygmunt Bauman）定义的，传统的新闻传媒正由固态走向液态（流动状态），即一种不停地随实践变形的、不稳定的状态。（鲍曼，2013）

相反，尽管媒体市场出现了大范围商业化及娱乐化的倾向，但这并不意味着这些商业媒体必然为媒体内容的品质下降负责。另一方面，传统报纸在进行跟风似的数字化之前，并没有正确预估内容免费发布所带来的严重后果。（Ogala & Rodny-Gumede, 2014：283—294）

杰夫瑞·舍尔（Jeffrey Scheuer）认为，高品质新闻报道是民主价值的核心，并倾向于将高品质新闻报道称为新闻的卓越（journalistic excellence）。他强调事实的道德准则、内容的知识准则、独立的政治及机构准则与新闻报道之间的互动关系。(Scheuer，2008：45）新闻社会学家舒德森认为，新闻在民主社会中具有多重功能，包括提供信息、观察、分析、社会移情与公共讨论空间。（舒德森，2010：235—234）

进入互联网时代，出于商业考量，许多新闻网站被要求制作更多易获点击量的内容。互联网记者则同时面临技术变迁与新闻获取更多关注所带来的压力，而这些以技术为支撑的娱乐化内容被认为有损传统新闻的水准。同时，技术带来的传播速度的提升也被认为是其内容真实性没有保障的罪魁祸首。

第二节 欧美业界关于新闻报道品质的异见[①]

新闻评奖是对不同的新闻报道进行分类、评判及再解读的过程，它体现了世界各国、各团体及组织对新闻报道品质的不同判定标准。新闻奖以不同的奖项分类、差异化的评审成员组成和多样化的评判标准展示了业界对新闻品质的衡量尺度与学界的学理性考量的契合。

与此同时，新闻评奖给新闻作品提供了被"再阅读"的机会，也为新闻从业者的专业主义精神和职业规范提供了评定标准。新闻行业内的奖项评优是一种已成形的规范，也是新闻从业者对新闻报道操作的共同认知及其价值体系的综合体现。

---

① 本节部分内容被收录在《2014年全球化学术共同体中的传播研究教育国际会议暨青年学者论文集》中，2014年4月26日。

一、关注公共事务

对公共事务的关注始终是新闻报道的重要取向之一。欧洲议会新闻奖（European Parliament Prize for Journalism）的主旨恰好证明了这一焦点的重要性。该奖创立于2008年，主要奖励发布过欧洲重要议题或对促进读者更好地了解欧盟政策和欧盟组织有贡献的新闻从业者。评奖根据传播媒介分为四部分：报纸、广播、电视和互联网。单项奖金为5 000欧元。欧盟居民或居住在欧洲境内且已注册的专业记者都可参加。参赛者应依照规定使用欧盟内官方语言（英语、法语等23种语言），个人或最多五人的团体可以参加比赛。

评奖开始后，由记者组成的国家评审委员会负责推选作品，布鲁塞尔的评审委员会——包括记者和欧盟成员（MEPs）则负责评选出每个奖项的最终获胜者。欧洲议会新闻奖旨在通过评选高品质的新闻报道，促进公众对欧洲事务的了解和参与，明晰欧盟各组织机构的运行状况，加强欧洲传媒业的良性发展。主办者多次强调，希望新闻从业者能将各种复杂的新闻议题更简单清晰地传递给读者和观众。

以2010年为例，欧洲议会新闻奖分别颁给了来自波兰、英国、瑞典、匈牙利的记者。其中波兰记者维托尔德·斯拉伯劳斯基（Witold Szablowski）的报道《今天两具尸体被冲洗》（*Today Two Bodies Will Wash Ashore*）分为14个小章节，通过讲述曾为美国人担任翻译的穆罕默德被判处死刑的故事，描绘了如今的土耳其首都伊斯坦布尔不为人知的社会境况。该报道以观察者的角度记录了不同的移民群体在土耳其的生存状态，以第一人称叙述的方式和讲故事的方法描绘了生动的真实图景。该报道对土耳其移民政策没有过多地进行评论和分析，而是选择以最直观的方式完成报道，报道趣味横生，同时还引发了读者深层的思考。

再如，英国记者克莱夫·马修斯（James Clive-Matthews）关于欧盟法律对各国商业产生影响的博客文章获得了议会新闻奖的互联网奖项。报道围绕欧盟一体化后不同国家质疑欧盟制定的相关法律对各国经济、商业运作的影响的现象展开研究，详细分析了不同质疑产生的原因，并以量化的数字加实际案例进行计算和求证。他最后指出，所有的质疑都与实际状况不符，并没有明确的证据证明欧盟的法律对各国的政策和经济产生影响。

另外，因出色地完成了关于欧盟对土耳其的经济援助议题的调查性报道，瑞典的凯莎·诺尔（Kajsa Norell）与努尔·基诺（Nuri Kino）获得了广播新闻奖项。

法国杂志《观点》（*Le Point*）的记者多曼·古贝尔（Romain Gubert）获得了纸媒类别的奖项。《欧元不可思议的故事》被委员会评为"一篇满足所有标准的、独立的、调查式新闻的出色作品"，同时也是"理解欧洲的最好的教育工具"。

芬兰广播电视公司记者泰罗·克斯金（Tero Koskinen）以报道《回到罗马》夺得电视奖。该报道记录了居住在赫尔辛基篷车内的罗姆人的生活，对个人、土地与国家之间的关系进行了反思，并对欧盟的管理提出质疑。评委会认为泰罗·克斯金充分地运用了本土视角，同时也给予了罗姆人自我表达的机会。

德国媒体公司记者斯蒂芬·乌尔泽尔（Steffen Wurzel）的报道《难民、帮助者和围墙》获得了广播单项奖。评委会认为该作品是一篇出色的新闻作品，作者通过访谈等方式调查了欧盟如何处理希腊与土耳其边界的难民，并以电影般的气氛将结果表现了出来。

德国记者弗娜丝·波斯梅耶（Inés Possemeyer）的报道《欧洲如何自我革新》获 2009 年欧洲议会新闻奖报刊奖。她在采访中表示，希望欧洲稳定和可持续地发展，而不是过于激进。评委会对该报道的评语是"关于如何改善欧洲人民生活的形态和推动欧洲国家的融合的完美的写作，也是出色、负责的故事"。

匈牙利记者斯兰芬·巴林（Szlankó Bálint）的报道《狡猾的客户在布鲁塞尔磨炼他们的智慧》获互联网单元奖项。他回忆了他在布鲁塞尔工作的经历，并表示他喜欢做欧洲议会的相关报道。

广播单项奖被授予波兰记者兹比格纽·波莱森尼尔（Zbigniew Plesener）。他的新闻报道《三倍的幸运》描绘了什切青（Szczecin）船厂工人坚持开船厂的故事。评委会认为此篇报道呈现给欧盟公民的是一个全体生存的重要图景。

欧洲议会主席杰吉·布泽克（Jerzy Buzek）在 2009 年欧洲议会新闻奖的颁奖礼上说："没有你们，记者们，我们无法改善欧盟的功能，我们也无法让我们的公民获得更多的信息或者使他们与欧盟更近。"他肯定了欧盟记者的出色表现，并阐释了此新闻奖的特点。欧洲议会新闻奖的核心理念认为高品质的新闻报道应将复杂的议题简单化，在将公共事务如政策、活动告知公民的同时使公民的阅读与理解更清晰。

由此可见，促进公民对欧盟公共事务的了解是欧洲议会新闻奖的核心目的，对获奖作品议题和内容的选择都佐证了公共事务议题是高品质新闻报道的重要内容。

二、调查式新闻与公民参与

2011年欧洲七个基金会联合设立了杰出新闻奖（European Press Prize: The Award for Excellence in Journalism），用以鼓励在各媒介中发布高品质新闻报道的，对民主社会有巨大贡献的，或给新闻业带来革新的记者、编辑等新闻从业者。该奖推行的主要评奖标准是新闻报道坚持调查性原则，并在新闻生产中提高公民参与度。

该评奖机构的官方网站写道："鼓励公民参与公开辩论，通过调查式新闻为读者理清复杂的议题，控制制度化权利一直是高品质新闻报道的核心。"[①] 这些理念体现了欧洲新闻从业者对他们从事的新闻实践的自我认知，也是他们对高品质新闻报道的理解和实践探求；同时，这些理念也是创造充满活力的民主国家与社会的基石。杰出新闻奖的设立正反映了这些诉求。奖项组织者不仅包括媒介公司、商业集团，也包括最具权威的媒介组织和团体。他们建立杰出新闻奖的动机是将新闻品质与公共服务视作数字时代下新闻业挑战的一部分，因此通过评奖鼓励记者对新闻实践活动所做的把控。

该新闻奖对欧盟的47个国家开放。其目的简单、明确，即鼓

---

① 注：欧洲新闻类网站为 www.europeanprize.com。

励高品质新闻报道。组织者希望通过此奖项来塑造记者职业实践成功的形象，并证明新闻本身在保持社会健康运行和促进国家间的交流上有重要作用。

该奖项每年评选一次，所有获奖者均可获得 10 000 欧元的奖励，其所包含的 4 个不同奖项分别是：编辑奖（The Editing Award），颁发给为公众参与辩论和公共理解作出巨大贡献的主编或编辑；评论员奖（The Commentator Award），颁发给出色的作家、专栏作家或评论员；新闻报道奖（The News Reporting Award），颁发给有决定性影响的记者和特殊评论员；创新奖（The Innovation Award），颁发给通过创新理念或观点影响新闻未来的记者或编辑。

欧洲杰出新闻奖的组织者认为，"好新闻"（good journalism）是公民社会的标志，因其保证了自由的存在；同时，调查新闻是民主繁荣的基础，思虑周全、头脑开放的新闻可以帮助持不同意见的人之间进行讨论和合作。他们力图在未来打造如普利策新闻奖般权威的新闻奖项，但并不是对美国普利策新闻奖进行简单复制。新闻评估应该有一个系统化的、常数式的标准，通过行业内部的组织和融合，以基金会赞助的方式，在广阔的欧洲媒介地图中寻找出色的专业记者、高品质的新闻报道和事关民主建设的新闻理念及实践。

以获奖作品为例，2012 年欧洲新闻奖分别产生于丹麦、希腊、乌克兰和英国。新闻报道奖获得者是《丹麦日报》的三位记者欧拉·保（Orla Borg）、卡斯藤·埃勒高克里斯腾森（Carsten Ellegaard Christensen）和欧拉·菲力（Morten Pihl）。报道揭露了莫滕·斯托姆（Morten Storm）帮助美国中情局锁定基地组织（AL-Qaida）的领导人安瓦尔·奥拉基（Anwar al-Awlaki），导致安瓦尔被美国无人机袭击死亡的事实。该报道引起了欧洲国家对美国在反恐战争中的角色的讨论。

评论员奖颁发给了《希腊日报》驻布鲁塞尔记者赫里索洛拉斯（Nikos Chrysoloras）。他的文章《为什么希腊要留在欧元区？》详细分析了希腊当时发生经济危机的可能原因。

编辑奖由乌克兰记者伊格尔·波赫诺克（Ihor Pochynok）获得，他所在的媒体是地区的"意见领袖"，他摆脱了来自各方的压力，坚持进行调查性报道，并毫不迟疑地批判了季莫申科政府的腐败和无能。

革新奖颁发给了英国记者保罗·李维斯（Paul Lewis），以奖励他参与伦敦《卫报》（*The Gardian*）与伦敦政治经济学院的30多位学者联合开展的项目"阅读骚乱"。此研究揭示了暴力从伦敦到其他城市的传播机制，显示了社交媒体在犯罪事件中的参与情况，同时结合调查性新闻实践方法和科学研究方法开发了一种独特的报道方式。

欧洲杰出新闻奖评奖结果中的新闻议题包括政治、经济和社会问题，涉及了不同国家和多种媒介。由其结果可以看出，这一奖项对高品质新闻报道的议题范围并无特殊界定，但新闻内容主要基于调查式的深度报道。专业记者多关注欧盟作为整体在世界的角色和作用，以及欧盟成员国在危机中的生死存亡和面对社会突发问题时的处理方式。更具重要意义的是，欧洲各基金组织鼓励实践经验丰富的专业记者与研究经验丰富的学者合作，通过特定的业界与学界共同开展的项目，运用双方优势进行研究，并由此发现新闻实践中的新方法。

三、准确性至上

普利策新闻奖（Pulitzer Press）由赫斯特基金会协助创立，其评奖的基本标准是对新闻报道中的"事实"进行验证。普利策新闻奖的评奖过程是在每年超过2 400份作品中评选出21个奖项，来自美国各地的77名编辑、出版人、作家及学者在哥伦比亚大学新闻学院进行14个类别的评比。作为非政府的、新闻行业内部的评奖体系，它证明了新闻从业者、语言学家、文学家及历史学家对新闻职业的信任，更体现了行业对新闻品质评价形成的一定的标准与对新闻专业主义理念的认可。

在普利策新闻奖的终极评审中，近半数评审委员为学界研究人员。其中，"学院奖"更表明了美国的新闻从业者对来自学界的评价的高度认可及尊重。高校中的新闻研究与现实中的实践可以相互影响，这一奖项可以看作是理论与实践的最优结合。同时该奖项也体现了新闻专业的理想与新闻价值的基本评定和追求在初步的新闻学教育研究及实践中的高度统一。

普利策新闻奖的设置并没有以媒体作为分类标准，而选择从新闻类别和写作风格等角度进行单项奖的划分，其中包括：公共服务类奖、普通新闻报道奖、国内报道奖、国际报道奖、调查性报道奖、释义性新闻奖、专业性新闻奖、社论写作奖、漫画创作奖、现场新闻摄影奖、特写摄影奖、特稿写作奖、评论奖、批评奖等。

另外，普利策新闻奖设立了"小说奖"，以表彰高品质的文学作品。文学作品与新闻不同，它不具有客观事实层面的要求，可以选择多样的语言表述。在评奖的历史中，"小说奖"曾多次空缺。在2013年的评选中，亚当·约翰逊（Adam Johnson）虚构的在朝鲜历经磨难的人物故事感动了评委。尽管小说奖与新闻奖有明显的差异，但评委和记者都认为，一篇好的新闻报道也是一篇文学作品，逻辑清晰、文字优美、发人深省是出色的新闻作品和文学作品的共同追求。

与欧洲杰出新闻奖不同的是，普利策新闻奖设立了专业奖等单项奖，以鼓励独创性强的杰出特写报道。在历年的评选中，许多获奖作品主要描绘了某个普通人或某个人群的普通生活。这些作品既是对人的特写，也是对人的生活的特写，包含了专业记者对新闻价值的判断，即每个个体的生活都是应受到关注和理解的。通过这些作品对不同群体的描写和报道，许多小团体得以脱离边缘群体的概念，成为在社会上受到平等待遇和关注的共同体，得到了更多的政治话语权。

我们发现，在当下许多媒体集团鼓励独家新闻及在新闻事件发生的第一时间发布新闻，即抢时效的同时，依然有许多专业记者秉承新闻专业主义精神，对某议题或活动进行持续的跟踪调查。例如2012年《丹佛邮报》（Denver Post）的记者跟踪记录了经历过伊拉克战争的士兵所受的创伤和回国后的心灵平复过程，该报道让美国公民从独特的角度了解了美国的国家政策、战争和人文生活。

普利策新闻奖与欧洲杰出新闻奖都要求新闻报道阐明复杂的议题，专业记者对主题的分析和表述有上佳把握，并在新闻写作中文笔流畅。而欧洲议会新闻奖负责人多次强调欧洲议题的复杂性，要求专业记者将议题删繁就简。获奖者也证明了他们凭借新闻专业主义精神，在各种困难中坚守公共利益，克服各方压力，最终创作出了杰出的解释性报道。在信息繁杂的数字化时代，这些新闻从业者在不同领域的议题中，如税收、反恐行动、贫穷区的援助等，运用清晰的数据和图示，向公众描绘了主题发展的全貌、背后的原因和未来影响。许多跟踪报道、系列调查更似专业研究报告，为公众提供了理解世界的参考资料。

四、公正与独立

新闻报道的客观性一直是在学界与业界极富争议的论题，而新闻报道的公正态度和独立的、不受干预的判断也是高品质新闻评定标准中的重要因素。阿尔贝·伦敦（Albert Londres）奖很好地阐释了这个因素的重要性。阿尔伯特·伦敦出生于1884年，是法国一名出色的记者和作家，也是调查式新闻的先行者之一。阿尔伯特·伦敦行走于世界各地，既报道新闻也"制造"新闻。在他的报道中，有经过长时间调查、研究的专题故事，也有以个人观点描绘的所见所闻。他去世以后，他的女儿弗洛丽斯·马缇娜·伦敦（Florise Martinet-London）为了纪念父亲，于1932年设立了阿尔贝·伦敦新闻奖（Albert Londres Prize）。此奖项被称为"法国的普利策新闻奖"，也是法语记者的最高殊荣。此奖于1933

年首次开评,随后于每年 5 月阿尔伯特·伦敦的遇难日给全球范围内 40 岁以下用法语报道的出色记者颁发"最佳文字知名记者"奖。1985 年,评审团设立了音像新闻奖。阿尔伯特·伦敦奖从设立以来,表彰了许多出色的法语记者,他们坚持新闻的公正和独立,展现了记者的勇敢。

从多年来的获奖作品来看,这些记者的共同特点是记录、描绘了某个时代的社会现象、人类问题或生命的权利。

2013 年,《新观察家杂志》38 岁记者宝安·布依(Boan Bui)的报道《河流中的幽灵》(*Les Fantômes du fleuve*)获得了大奖。这篇报道通过讲述冒着生命危险穿越土耳其和希腊申根区的移民者的故事,反映了当局的移民政策和移民者的现实生活。该报道以冒险故事的形式勾画了移民者冒死追求新生活的悲惨尝试,以此引起人们对当时的政策和生活的反思。

2012 年,《巴黎竞赛画报》(*Paris Match*)的记者艾尔弗雷德·蒙特斯奎欧(Alfred de Montesquiou)通过报道利比亚的卡扎菲政权获得了大奖。这名记者参加了多次战地报道,他的文章对人类历史的发展作出了巨大贡献。

2010 年,《快递》(*L'Express*)32 岁的记者德尔菲娜·索巴贝(Delphine Saubaber)获得了新闻奖。她的报道推开了罗马尼亚的秘密大门,报道内容包括拉多万卡拉季齐的画像和一个打击黑帮的斗争。

2009 年,索菲·布永(Sophie Bouillon)在《XXI 评论》(*Revue XXI*)上发表的报道《欢迎来到穆加贝!》(*Bienvenue chez Mugabe!*)夺得新闻奖。这位曾在瑞士电台、南非报纸等多处工作过的年轻记者有着丰富的实践经验。该报道讲述了一名津巴布韦居民在背井离乡一段时间后回到故乡，却发现故乡已经面目全非，自然环境恶劣，家人和朋友都生活在一种高压政治下的故事。记者通过记叙津巴布韦居民回到首都时的所见所闻，描绘了该国人民的日常生活图景，展示了当地的社会环境和政府政策。

法国阿尔伯特·伦敦奖的获奖作品包罗万象，虽然相比其他奖项只有文字报道参与评比，但新闻议题的多样性和新闻报道的高品质都使它在世界新闻评奖中具有威望。与西班牙国王奖类似，阿尔伯特·伦敦奖强调法语报道，因此在其新闻报道议题中，法语区域的新闻报道占据较大比重。

五、关注社会问题

对社会问题的关注是新闻报道的首要切入点。以比利时本国设立的新闻评奖为例，目前比利时国内具有影响力的新闻评奖约有8个，其中包括尼康集团设立的摄影奖、拜勒福斯（Belfius）银行设立的新闻奖以及新闻可持续发展奖等。相比普利策新闻奖和法国阿尔伯特·伦敦奖，比利时因其多语环境和复杂的社会关系，新闻评奖并没有形成特定规模，因此本研究以比利时法语区议会新闻奖（Prix du journalisme du Parlement de la Fédération Wallonie-Bruxelles）作为主要分析对象。该奖由比利时瓦隆法语区议会设立，包括报道奖和摄影奖等奖项，其目的是通过奖励出色的报道提升公民对瓦隆法语区的文化、制度的了解。

例如，2013年独立记者弗雷德里克·卢赫（Frédéric Loore）

在《巴黎竞赛画报》(Paris Match)中发表的报道《品牌或是消亡》(Marque ou crève)获得新闻奖。该报道分析了非洲足球运动员期待到比利时踢球的故事，探讨了剥削人的"贩卖人口"问题。报道讲述了一名非洲男子攒钱准备到欧洲踢球却被中介欺骗的经历，并由此揭露了活跃在欧洲的人贩的非法活动。

再如，2012年记者夏勒·尼福（Charles Neuforge）等五人的电视报道《我的父母在监狱里》(Mes Parents sont en prison)获得电视新闻奖。在比利时，约有15 000名儿童的父母在监狱中生活，许多孩子与母亲一同在监狱中长大。该报道讲述了孩子们的生活，以及孩子们如何与他们的父母共同生存。

此外，2011年阿立安·瓦福海耶（Aline Wavreille）的广播报道《萨瓦河的混血儿童》(Les enfants métis de Save)获得了广播新闻大奖。比利时殖民地非殖民化的前夕，有300—400名孤儿院儿童被从卢旺达送往比利时，有些被安置，有些则被寄养在他人家里。该报道从混血儿童的角度探讨了种族问题和殖民者的权利问题。

从获奖的新闻报道的内容来看，比利时的评奖标准倾向于对社会问题的关注，特别是对未成年人的生长环境、生存空间以及其父母在社会中的地位的关注。比利时有"欧洲首都"的美誉，因此，与移民相关的议题在公共讨论中占据重要位置。

六、多元主义理念

面对同一议题，不同的专业记者和媒体有不同的阐述，但在具体报道中,"如何促进公众的多元主义理解"是传播全球化所遇到的难题。西班牙国王国际新闻奖(King of Spain Journalism Awards)的获奖作品展示了专业记者对利用新闻报道提高公众理解做出的努力。该奖由西班牙国家通讯社埃菲社(EFE)和拉美合作协会(AECI)于1983年设立,以西班牙国王胡安·卡洛斯(Juan Carlos)个人名义设立此奖项,意在纪念发现美洲大陆500周年。

该奖项最初设有报纸、广播、电视、图片四种奖项,但从2012年开始加入了具有创新意义的数字新闻报道奖,以证明数字时代下网络新闻报道的重要地位。该奖对获得单个奖项的出色报道给予6 000欧元的奖金。该奖旨在鼓励促进拉丁区域传播和多元理解的出色报道。

例如,2012年报纸新闻奖颁发给了四名记者的联合报道,他们的调查性新闻报道从司法噩梦中救出了一名无辜公民。另外,广播新闻报道奖颁发给了涉及美国秘密服务丑闻的对性服务者的独家专访。电视新闻奖则颁发给了记录1910—1917年墨西哥革命的电视作品。图片奖颁发给了记录里约热内卢抗议活动中少年形象的摄影作品。

近三年的获奖作品如下:2011年玻利维亚记者费尔南多·莫利纳(Fernando Molina)关于拉丁美洲报业的深入报道获得了报纸新闻奖,墨西哥记者达利亚·马蒂纳·德加多(Dalia Martínez Delgado)有关大麻的种植报告获得了杂志新闻奖;2010年厄瓜多朗·赫克多·赫尔南·海古拉(Ecuadorans Héctor Hernán Higuera)与安东厄多·爱德华多·纳瓦兹(Antonio Eduardo Narváez)的有关抗议警察对厄瓜维萨（Ecuavisa）进行拘留的现场直播获得了电视新闻奖。

阿根廷广播节目因为报道了布宜诺斯艾利斯的贫民区的秘密活动获得了广播新闻奖。阿根廷报纸《号角》（*Clarín*）获得了数字新闻奖，他们报道了反对军事独裁的交互式图表。巴西摄影师的作品《总统的照片》获得了摄影奖。

2010年哥伦比亚记者乔斯·恩尔克·瓜尼佐（Jose Enrique Guarnizo）因报道美国的亚洲非法移民而获得了报纸新闻奖。在电视类别中，哥伦比亚记者厄尔迪尔·长乔亚·古兹曼（Waldir Ochoa Guzman）和维克多·雨果·德欧萨（Victor Hugo Deossa）有关安第斯国家数十年的武装冲突的报道夺得了最终奖项。在摄影单元中，墨西哥记者丹尼尔·阿齐和勒·罗德里格兹（Daniel Aguilar Rodriguez）于太子港拍摄的大地震照片获得了摄影奖。数字新闻奖则颁发给了关于马德里百年庆典的报道。

从西班牙的获奖作品来看，西班牙的评奖媒体多样，新闻报道的内容也涉及各种新闻议题。其中，关于西班牙殖民地区议题的新闻报道较多，与西班牙本土新闻共同构成了西班牙语地区的生态面貌。相比其他新闻评奖，西班牙鼓励记者解读拉丁区的文化背景和社会生活，报道内容强调本土化视角。

综上，根据对各国新闻评奖的设立要义以及获奖新闻作品的报道内容的分析，笔者将新闻评奖的特点整理如下：

- 获奖报道的发布渠道包括：广播、电视、报纸、互联网
- 根据不同报道在各媒介的版面安排，获奖作品主要集中在政治、经济、社会等部分

- 报道的形式特点可以归纳为：
    - 专题性新闻报道
    - 调查式新闻报道、合作型调查式新闻报道
    - 新闻故事
    - 博客文章、电子杂志文章
- 获奖报道涉及的主要议题：
    - 移民、经济政策、欧盟一体化、司法公正
- 新闻篇幅（包括标题、文章内容和图表等）
    - 2 000字左右、4 000字左右、6 000字左右、整个版面

根据世界不同新闻评奖的报道内容分析，高品质新闻报道的界定和评选主要有以下共性：新闻的原创性、新闻作为公众利益的守护者、关注社会议题、坚持调查性新闻报道、提供多元观点及评论、保证新闻作品的个性化以及出色的新闻写作。

第三节 新闻报道品质评估体系的再建构

新闻品质的评估是一个复杂的系统，学界与业界对高品质新闻报道的定义还存在争议。例如，学理性的研究针对不同媒体开展了不同的调研，而多数新闻实践者（本研究案例中）则表示新闻品质并不取决于媒介的种类。

我不认为（新闻报道）品质依赖媒介或由媒介种类决定。你可能是非常糟糕的报纸，也可以是高品质的杂志。在法国，许多人认为互联网充斥着低品质的新闻，因此也是低品质的

第三章 新闻报道品质的重新评估：网生新闻网站报道的新思路

媒体。但是这不是事实。我们可以做很多高品质的工作，例如在网站上注意新闻的验证，试图做到公正和平衡。当公众站在你这一边时，做些有品质的工作就更容易，因为我们依靠他们来发布信息。①

尽管学界与业界的诸多观点相左，但他们依然对高品质新闻基本的构成要素达成了一些共识。因此，通过对有关高品质新闻报道的研究文献进行回溯，对世界不同新闻评奖进行整理，并综合对三个网生新闻网站的专业记者进行深度访谈的分析资料，笔者将高品质新闻报道的标准总结如下：

一、高品质新闻报道的原创性

不难看出，评奖中首要的参赛标准和评判标准都是基于新闻的原创性。新闻的原创性体现了专业记者在新闻实践中的独特视角和对新闻事件的敏感。原创性是指由专业记者创作的、非复制、抄袭或简单改编的作品的属性。笔者在对网生新闻网站的专业记者进行采访时发现，原创性也是记者崇尚的首要原则。在新闻报道中，原创性也包含了新闻选择、报道角度等方面的创新。

在各种获奖作品中，专业记者都根据自身特有的文化、社会背景选择了与周围公共利益密切相关的议题，同时又保证了新闻报道的原创性。例如乌克兰记者伊格尔·博奇诺（Ihor Pochynok）

---

① 2012年9月5日，作者与法国"89街"网站专业记者亚纳·热刚的谈话。

因批判季莫申科政府的腐败和无能获得了新闻奖。在欧盟相关议题中，与政府职能有关的议题选择并不少见，但博奇诺在多方面压力下坚持报道，成为当地首位公开、深刻地批判季莫申科政府的专业记者。在高品质新闻报道的评定标准中，原创性已经成为首要的因素。网生新闻网站的专业记者选取与传统媒体相异的议题进行报道，即是强调原创性对其网站的重要意义。

> 对我而言，高品质新闻报道是原创故事，是你以前不知道或者没听过的故事，所以它是全新的。当然，也需要出色的写作和信息资源。例如，信息和真相需要我们与正确的人共同进行验证。我们同样需要保护这些人不被卷入某种麻烦之中，这也是我们的职业道德。①

> 我不确定（高品质新闻报道的定义）。当我谈论高品质新闻报道时，我认为（它们的内容）大多是原创的想法。如果所有人都关注相同的主题，你则需要尝试有趣的、好的创意。②

> （对于高品质新闻的定义）我可能会说（它）应该是原创的，多种角度的报道也是需要的。这不仅仅意味着你需要从读者的角度思考，同时也意味着你需要从社会网络的角度思考。这将帮助你获得比印刷媒体更开阔的视野。在"89街"，我们试图寻找一些不同的分析角度，寻找附加值。③

---

① 2012年9月6日，作者与法国"89街"网站专业记者西尔·苏尔代的谈话。
② 2012年9月6日，作者与法国"89街"网站专业记者朗塞·科菲的谈话。
③ 2012年9月4日，作者与法国"89街"网站专业记者埃丝特勒·迪穆的谈话。

在采访中笔者发现，多数专业记者认为高品质新闻报道很难界定，但新闻报道的原创性是出色新闻报道的基础。而在世界新闻评奖的共同规则的基础上，只有原创新闻报道才具有参与评奖的资格。在数字化时代，新闻信息都被数字化了，以便于快速传播，但同时，易操作的拷贝方式使得大量的信息被轻松复制和发送。为了争夺时间优势，许多媒体将再编辑的新闻内容发布在互联网平台及移动数字终端，大幅降低了新闻的原创性。传统媒体集团的互联网再现也都先由其主攻平台获取信息，之后再发布到其他平台。

网生新闻网站成立的主旨是要在信息纷繁的互联网世界里，提供有别于传统媒体报道的高品质新闻信息。原创性作为其新闻理念之一，在其新闻实践中指导着它们的新闻生产方式。以法国网生新闻网站为例，"89街"要求其记者可根据自己的思考或读者要求进行新闻选择，并能在随后的新闻写作中保证新闻的品质；每天整个新闻网站发布的新闻故事不超过20个，分别由不同的新闻编辑对其进行修改。西班牙网生新闻网站"日记"则由不同地区的负责记者进行专门的地区报道，而不是简单地转发或再编辑其他记者撰写的相关报道。

二、高品质新闻报道的准确性

中国最早的新闻学学者徐宝璜在其论著中为新闻的功用定义时特意强调："新闻者，乃多数阅者所注意之最近之事实也，故第一须确实。凡闭门捏造，以讹传讹，或颠倒事实之消息，均非新闻。"（徐宝璜，1919：29）因此，事实，即经核实的新闻是高品质新闻报道的底线。正如美国学者比尔·科瓦奇提出的，新闻工作的实质是使用核实进行约束。（科瓦奇，2011：172）

1995年，莱蒂拉对29个国家的31条新闻职业规范进行实证调查比较后发现：最普遍的原则是真实原则。（Laitila，1995）与此同时，本研究案例中的新闻实践者也强调了新闻报道准确性的重要意义，他们在自己的实践中，也奉行保证新闻准确性的职业准则。

> 所有的信息都需要验证，"89街"有一半的内容来自读者提供的线索以及外部消息。我们通常都会验证，例如，一些观点、目击证人、某些故事等。我们通常会打电话调查这个读者是谁，很多时候，他们并不使用真实的名字。①

> 我想我会说，新闻报道一定要是真实的和被验证过的。你不可能经常依赖博客。例如，公众自己会打电话通过交叉资源来确定真实性。同时，我们也需要与传统媒体不同的原创报道。②

> 新闻的品质，我认为主要是对新闻的判断。你在讲述事实和新闻，然后需要对信息资源进行出色的处理。③

> 我认为必须检验（新闻报道的内容），我们需要帮助读者寻找他们无法得到的信息。如果读者自己用Google就可以找到答

---

① 2012年9月5日，作者与法国"89街"网站专业记者弗朗索瓦·克鲁格的谈话。
② 2012年9月5日，作者与法国"89街"网站专业记者亚纳·热刚的谈话。
③ 2013年8月29日，作者与西班牙"日记"网站专业记者安德烈·吉尔的谈话。

第三章　新闻报道品质的重新评估：网生新闻网站报道的新思路

案和解决方案，那就太简单了。我们需要制作他们愿意付费的新闻。我们要花费时间去寻找人们不能立即获得的信息。同时，新闻内容需要明了，并可以使人们在阅读过程中得到知识。①

当我进行写作时，我需要建立一个链接。我认识到许多传统媒体的记者发布了错误的图表，因为他们并不验证他们的信息是否来自 AFP 通讯社，而我会建立链接。当读者警告我犯错、不准确时，我会再次验证。所以这些链接通向传统媒体、原始数据。也许这很"挑剔"，但是读者需要高品质的新闻，而且他们就在你身边。你与读者之间不再有阶级，他们指出你的错误，他们给你更正确的链接等。尽管有很多熟悉的人提供线索，但我依然会再次验证。所以为了提高自己的报道的品质，我用（更多）信息完成我的文章。②

该原则要求新闻从业者探究事实真相、剔除虚假信息，拒绝简单复制、转载其他信息来源的报道。另外，准确性还要求报道说明信息来源，不报道明知虚假的信息，不以误导受众的方式操纵图像和声音，不剽窃等。

新闻报道的客观性原则更为复杂。尽管新闻从业者极力呼吁以客观的态度、无任何价值取向的方式选择和报道新闻，有些新闻依然还是会对读者产生误导，因为记者并没有真正完全地参与到社会活动中，或亲身经历某种灾难的全过程。然而，他需要为公众了解这样的活动和灾难提供不同的视角，同时给怀有质疑的

---

① 2012年9月5日，作者与法国"89街"网站专业记者卡米耶·波洛尼的谈话。
② 2012年9月6日，作者与法国"89街"网站专业记者奥雷莉·尚帕涅的谈话。

声音提供诉说的平台。因此，新闻从业者经常会引用对于同一议题的两方意见以说明他们的客观态度。

三、高品质新闻报道的责任性

作为社会的监督者，新闻报道应以公众利益为前提，揭露社会、名人及政治丑闻，从而引起社会对某一特定议题的关注，并在公众中引起讨论和思辨。同时，新闻报道应用以小见大的报道方式，通过从对生活中的各种困惑到对社会制度和政策的质疑，引发读者更深层的思考。

> 我认为我们已经建立了读者和记者之间的联系。我们可以保持距离，我们可以与读者合作，同时，我们也可以完善手机应用。我们在这方面也很超前。我认为我们对政府持有批判态度，能与政府保持距离，而且不妥协。（我们要）找到他们没有信守承诺的证据。在法国，记者经常批判政府。①

新闻的精彩之处是可以引起多数人的关注。媒体可以关注大多数读者的喜恶和选择，从细微处入手，以点滴起始，跟踪事件发展，挖掘背景历史，最终引起社会的反思。在徐宝璜的论述中，"最好之新闻，即最近事实中能引起最多人数之最深注意者也"（徐宝璜，1919）。因此，新闻通过对政府政策的监督和反思，

---

① 2012年9月5日，作者与法国"89街"网站专业记者卡米耶·波洛尼的谈话。

运用激进的手段来迫使政策的制定者采取措施。新闻关注民众的生计，以公众的、大多数人的利益为基础，监测社会制度、政府决策的执行情况，揭露被掩盖的秘密。本研究中的新闻奖提倡新闻报道为公众服务，对危害公众利益的一切行为进行讨伐和监督。对此，西方的新闻实践者指出：

> （网生新闻网站的）不同之处在于与公众的关系。公众因为并不是永远在线，所以比起传统报纸，他们更期待网生新闻网站为他们工作。他们在等待网生新闻网站提供更多的信息。也许因为我们是免费的媒体。有时，他们认为我们是公共服务。①

新闻产生的影响无法预期，在传播后才显其效果。2009年普利策新闻奖将公共报道奖颁发给了亚历山大·贝松（Alexandra Berzon）。他勇敢地报道了拉斯维加斯地带执法失职所引发的建筑工人的高死亡率事件，迫使政府采取相应措施，改善了工人的工作条件。

此外，电视新闻单项奖的获奖作品是德国记者艾柯·萨瑟（Elke Sasser）与克里斯汀·卡勒（Kristian Kähler）创作的纪录片《谁害怕欧洲，欧盟如何来到波兰》。该纪录片历时四年，记录了三个波兰农民家庭的普通生活以及他们加入欧盟后的生活。纪录片认为欧盟虽然给予每个人成为成员的机会，但是你可能要为新生活冒险。

---

① 2012年9月6日，作者与法国"89街"网站专业记者朗塞·科菲的谈话。

2013年普利策编辑写作奖获得者蒂姆·尼肯斯（Tim Nickens）和丹尼尔·露丝（Daniel Ruth）报道了佛罗里达州居民用水中添加氟的相关情况，根据深度调查，记者指出了政府相关政策的不合理。媒体的报道引起了社会的巨大反响，最终迫使政府取消相关政策，扭转了居民生活的困顿局面。

获得2012年欧洲新闻奖的丹麦记者们克服重重困难，顶着压力报道了美国反恐事件中欧洲的角色参与，进而引起了欧洲公众对此议题的重新讨论和反思。

这些获奖作品说明，出色的新闻报道和对公众利益的深切关怀所产生的社会影响可能超过政府决策和法律的作用。作为社会发展的瞭望者和公共利益的守护者，高品质的新闻报道是扩音器，是建构媒体奇观①的工具。新闻从业者的选题和手中的笔是促进国家健康发展及民主多元化的有力武器。

四、高品质新闻报道的深度性

调查式新闻报道是指通过专业记者的调查，挖掘事件的事实，揭露他人企图掩盖的秘密的新闻报道。它以揭丑和暴露社会集团、政府损害公共利益的行为为核心，由专业记者或媒介组织独立完成选题策划和采访。独立采访的标准为独家性和故事性，成果一般以篇幅较长的连续报道形式出现。调查式新闻报道从多

---

① 美国学者凯尔纳（Douglas Kellner）提出的概念，指媒体制造的宏大的、戏剧化的新闻事件，如体育赛事、政治事件等。媒介奇观中的事件引导人们的生活方式，是一种存在冲突的、戏剧化的媒体文化现象。

方面体现了新闻从业者的专业主义精神,因为它要求记者在财力和物力上大量投入,有时还会威胁到记者的人身安全。同时,它要求记者独立地开展采访、调查活动,运用自己的专业技能、知识背景及新闻理念来完成报道。记者们需保持质疑一切的态度、对真相的渴望和好奇心。

调查式新闻报道在世界评奖中占有重要地位,几乎所有的新闻评奖都将调查式新闻报道解读为专业记者最重要的专业实践和具备公正、客观的新闻理念的作品。耗时、耗力最多的调查式新闻报道的实践中存在许多不可预知的困难和危险,对专业记者的技巧、职业操守等都是严酷的考验。许多经济、政治及社会公正议题都需要记者进行追踪报道,深入挖掘事件背后隐藏的新闻事实。

由于新闻组织财政预算的限制和世界信息传播秩序的改变,调查式新闻在商业电视盛行的 1954 年左右就已经"死亡"了。学者拉施玛(Lashmar)曾在英国 BBC 的调查式新闻小组中担任领导者 30 多年,根据其自身经验,通过对 BBC 的调查式新闻进行分析,他认为信息资源匮乏、新闻内容趋于肤浅的名人化、新闻媒体的投资重点偏离使调查式新闻在商业媒体中不复存在。然而调查式新闻在互联网时代有了新的转机。布莱德肖(Bradeshaw)认为互联网的优势可以将调查式新闻分离成调查和新闻。例如,更广泛的读者,包括学生、博主、专家等都可以借助社交媒体对问题进行开放式调查,这类报道不再依赖于记者的独自行动。(Mair & Keeble,2011:257)2006 年维基解密(Wikileaks)的注册上线给了调查性新闻一剂强心剂,它展示了调查式新闻的全球化合作模式，互联网提供的强大功能使全球调查式新闻网络的建立成为可能。互联网正在起步，而为传统媒体工作的记者正在减少。一个崭新的、基于互联网的、与传统媒体并行的，且更细分化的调查式新闻正在兴起。(Lashmar, 47)

这是一个难题，我认为专业记者应该知道寻找和验证信息。我把这两个因素放在第一位，因为它们非常重要。如果你要达到目的，你需要联络他人，也需要有能不迟疑地给重要人物打电话的勇气。有些人认为出色的专业记者是那些具有写作技巧的人，我认为，是的，但是出色的新闻报道也可能在写作方面并不够出色。尽管你有好的信息，你也可能写得很糟糕，最重要的技巧是获取信息。能运用网络、电话挖掘信息是才华的一部分。我知道很多记者非常善于挖掘信息，这是上天赐予的一种礼物。新闻报道种类很多，我考虑的是最基本的新闻以及做调查式报道的专业记者。好的报道需要一些"品质"。如果你是调查者，你不得不怀疑他人；如果你是报道者，你则需要相信他们。所以你会看到不同的新闻报道可能体现出不同的品质。有些记者仅仅是做编辑工作，表达意见，但新闻的核心不是分析，新闻的核心是挖掘信息，寻找隐藏的信息。①

调查式新闻的难点在于它需要不停地进行自身的更新和进化。

---

① 2012年9月8日，作者与法国"89街"网站专业记者帕斯卡·里奇的谈话。

例如，专业记者对政府官员腐败或某血汗工厂的恶行等问题进行了一个月，甚至一年时间的调查和报道，最终却不能在观众和读者中得到预期的效果，因为观众和读者不会对他们已经熟知或能想象到的事实感到惊讶。他们已经发现政客贪污受贿是不争的事实，在各个领域、各个部门都有犯下这一罪行的罪犯；而所有的以营利为目的的企业也必将使用不道德的手段榨取剩余价值为自己创造利益。读者对调查式新闻和严肃新闻的关注度降低，对其内容不以为然都是新闻品质下降的原因，这使得许多遵循新闻专业主义、坚持调查式新闻报道的媒体陷入危机。因此，调查式新闻需要在新闻选题、调查方法、报道方式等各个方面进行自我完善，以赢得更广泛的受众。(Lashmar，47)

调查式新闻是媒体作为"第四权力"的最好佐证，同时，它是监督政治走向、参政人员的背景和发展方向、政府的相关策略和实践的武器。当严肃新闻与调查式新闻所占的比例下降时，民主制度将无法健康发展，而腐败将会成为首个凸现的问题。在本研究中，对网生新闻网站的记者的采访，以及对已有研究文献及各国不同新闻评奖对高品质新闻报道的评判的分析都说明了调查性新闻将会是民主发展的监督力量，也将是衡量新闻品质的重要标尺。

五、高品质新闻报道的表现性

在对专业记者的采访中，受访者都提出"出色的写作"（well-written）应成为影响新闻品质的因素之一。专业记者同样认为写作品质非常重要，同时，他们对互联网新闻写作表示了自己的担忧。

高品质新闻需要出色的写作水平。通常我认为互联网上的新闻报道写作并不出色。它们（新闻报道）多是快速创作出来的，当你阅读这些报道时得不到文学乐趣。许多报纸上的文章可在书籍中出版，因为它们的句子很完美。我非常喜欢读它们，但是在互联网新闻中很难发现（这样的句子）。[①]

另外，新闻评奖中有关出色写作的重要性的最好例证是2013年普利策新闻奖得主——《纽约时报》制作的在线新闻报道《雪崩》。根据普利策奖的官方解释，"特稿写作奖"主要考虑了写作品质、原创性和简洁程度（giving prime consideration to quality of writing, originality and concision）。而在官方网站的答疑部分，评委指出，虽然《雪崩》并不是传统意义中的硬新闻，但它的品质却非常出色（stories that are not hard news and are distinguished by the quality of their writing）。由此可以看出，记者的遣词造句、谋篇布局都对新闻报道的品质产生了极大的影响，也对引发读者的阅读兴趣发挥了一定的作用。网生新闻网站的记者也有自己的看法，他们认为新闻写作对提高新闻品质有独特的作用。

然后是出色的写作。正式的作品需要设计。你需要平衡新闻标题、图片和其他事情。当一些人读到它时，他们会看

[①] 2012年9月6日，作者与法国"89街"网站专业记者朗塞·科菲的谈话。

到你的努力和一个有特色的版式。首先你有新闻内容要讲述，然后你利用工具对新闻内容进行包装。①

欧洲议会新闻奖负责人多次强调，欧洲作为一个共同体，它的很多议题都具有复杂性，而出色的专业记者应该用简单的语言，清晰地将议题展现给公众。无论是美国还是欧洲，乃至中国的新闻教育，在众多差异中依然保留了新闻写作练习的必修课程。如何在不同媒体中进行标准的新闻写作依然是信息化时代新闻从业者关注的最重要的话题。在对不同记者的采访中，多数记者在对高品质新闻报道进行定义时，都将出色的写作看作评价新闻品质的重要因素。

2013年普利策新闻奖获得者《雪崩》的评语也提出：清晰的写作和对多媒体的运用能够提升新闻报道的呈现水平。对于迷失在互联网和多媒体信息中的读者，主题鲜明、言简意赅、清晰丰富的新闻叙述方式尤为重要。同时，写作风格也成为代表媒体精神与文化内涵的符号。

六、高品质新闻报道的平衡性

新闻的评论包括专业记者对新闻事件作出的观点性评论和读者对新闻报道的反馈。法国、比利时及西班牙设立的新闻奖项都是根据各个国家不同情况和理念设立的奖项，而普利策新闻奖的

---

① 2013年8月29日，作者与西班牙"日记"网站专业记者安德烈·吉尔的谈话。

主要报道是美国本土媒介上发布的新闻报道，欧洲两个新闻奖则是以欧洲事务为主要关注点，希望通过奖项促使专业记者给予欧洲政治生活更多的关注，进而给欧洲公民提供更多了解欧洲事务、欧盟运作机制的机会。正如不同地域的人撰写各自的历史，分别推动各自的社会发展和民主进程一样。

其中，不同奖项的共同点是强调报道语言和新闻议题的当地化。法国的阿尔伯特·伦敦奖要求新闻报道以法语为准，比利时与西班牙也要求记者使用本国语言报道。而欧洲议会新闻奖则要求新闻议题与欧盟政策、欧盟团体相关。

2012年5名记者制作的关于比利时大量儿童因父母被捕入狱而生存艰难的电视报道《我的父母在监狱里》（*Mes parents sont en prison*）获得比利时瓦隆区电视新闻奖。此篇报道以比利时的儿童为主要调查对象，详细地、深层地报道了这些儿童因父母无法陪伴而艰难成长的童年生活。

再如，2010年意大利记者马斯拉诺·奈斯波拉（Massimllano Nespola）在电子杂志上发表的文章《我们不知道什么时候，但是欧洲宪法将会来临》，很有技巧地描绘了欧盟制度化的进程，表明欧盟不仅是经济利益的组织，更属于全体欧洲公民。

在信息海量传播的今天，人们在杂陈的新闻中寻找线索。因此，在数字化时代，人们需要在理解新闻方面获得更多的帮助和参考。

如果你与读者建立良好的关系，他们可以为你提供更多的观点。用户生成内容可以帮助你获得更多的视角。例如，当我们进行一则报道时，有人写信给我们表示他可以提供线索，但当时我们并没有驻日本的记者，因此我们请读者通过社交网络等手段对此人的信息进行确认。经验证后，我们使用了此人提供的信息。如果没有他的帮助，我们可能无法完成报道。当然，我们也没有钱可以外派记者到日本，因此，你必须验证你的信息。有时我们双重验证，而有时我们三重验证。你可以通过技术手段验证，例如调查他们的IP，或者根据e-mail中的信息调查。所以你需要具有技术能力，这也是为什么我们试图对记者进行培训。①

在传统媒体的传播模式中，专业记者在新闻报道后无法及时获得反馈，无法在第一时间了解读者对新闻报道的看法。如今，互联网提供了即时评论的技术可能，专业记者可以在新闻发布后迅速得到反馈，包括对新闻报道的补充和修正。

七、高品质新闻报道的融媒性

数字时代下的新闻报道方式并不单纯是传统媒体为适应互联网平台而做出改变和妥协的产物，而是一种全新的新闻产品。它包含新闻专业主义理念及价值取向，媒介集团对新闻报道方式革命的认可，还包含了新媒体技术的多重运用，因此它是一种全新的新闻产品。在这种报道中，记者使用文字、图表、视频、Flash

---

① 2012年9月4日，作者与法国"89街"网站专业记者埃丝特勒·迪穆的谈话。

动画、社交网络链接等多种呈现方式，打造了数字时代新闻报道的新形式。

新闻摄影是新闻报道中的重要组成部分，但专业记者对数字时代的图片与新闻报道品质之间的关系并不乐观。事实上，传统图片的采集模式成本较高，记者在进行拍摄时态度慎之又慎。而数码技术的发展降低了拍摄成本，图片采集开始进入海量选择过滤模式，新闻品质在比例上降低。

> 关于图片的品质，缺点是预算过低，所以没有足够的财力采集出色的照片。我们目前是在 Fliker 中选择图片。进入网站，你可以看到大量的免费图片。这是一个非常好的系统，但同时意味着你没有足够的资金拍摄好的照片，你只能采用可能是非专业新闻摄影师拍摄的照片。这些照片也许只是人们在街上随手拍摄了，然后放在 Fliker 上的，它们并不带有某种信息。①

与传统媒体相比，互联网新闻网站有自己独特的优势：

> 比如你为传统媒体《世界报》工作，新闻报道只能有一张照片，因为它不能同时发布更多。也许有发布更多照片的可能，但是我作为图片记者从来没有遇到过。相反，在互联网上，以"89街"为例，我们通常可以选择1张、2张甚至

---

①② 2012 年 9 月 4 日，作者与法国"89 街"网站专业记者奥德蕾·塞尔当的谈话。

10张图片，或者选择更多图片。如果你有很多素材，你可以决定发布几张，甚至可以用幻灯片来展示。格式是开放的，所以你可以做任何你想做的报道，当然这取决于你掌握的资料和在外面的报道。②

新闻报道的品质可以被感知或者描述，记者对于新闻摄影中的图片的质量也有特定的衡量。

（高品质的图片）我认为是那些可以带来信息的图片。互联网上充斥着信息，人们每分钟都在上传图片，但是很难发现一张你没有见过的图片。所以我认为专业记者依然有很多工作去做——获得更多的图片。我们应该拍摄更新鲜的带来信息的照片，而不是你见过的漂亮图片。我们应该展现事情的不同方面或者那些你不曾见过的事。①

前文提到的多媒体项目《雪崩》来源于体育部记者对滑雪场的高死亡率的关注。约翰·布兰奇（John Branch）通过6个部分展现雪崩的相关故事，并运用多媒体技术展现了气象变化的云图、远足的山间路线、防护平台的建设方法等，用更直观、动人的方式讲述新闻故事。网生新闻网站的记者认为：

好文章带来惊喜。我认为出色的文章可以让我有不同的

---

① 2012年9月4日，作者与法国"89街"网站专业记者奥德蕾·塞尔当的谈话。

思考，它可以开辟新的道路来让我了解社会。我喜欢感知更多的知识性的、更聪明的、可以让我和丈夫在深夜讨论的报道。我们在"推特"上看到很多人存在，却不知道他们生活的方式和故事，我喜欢他们的故事。①

在众多获奖作品中，有相当比重的新闻报道一改传统的新闻写作方式，用不同的视角或根据不同的呈现方式，加之多媒体的信息辅助，让新闻作品呈现个性化的报道特点。许多传统的新闻评奖方式已经启动了网络媒体及数字化媒体报道的新项目。这表明网络报道在人们的信息获取中更为重要，在海量的新闻中，出色的、高品质的作品依然可被识别和评判。

---

① 2012年9月6日，作者与法国"89街"网站专业记者布朗丹·格罗让的谈话。

第四章　多重动因合力：网生新闻网站的兴起与发展

本书的研究重点是以制作高品质新闻报道为目的，财政独立的，以专业记者为主、由公众与专家共同参与的新型专业新闻组织——网生新闻网站。

网生新闻网站历经十多年的发展演变，如今在新闻生产流程、新闻发布方式、专业新闻实践、商业运营模式等方面都取得了引人注目的成就。从边缘化的小众媒体到促进民主讨论的重要角色，从依靠创立者的自主投入到建立起多元赢利模式，网生新闻网站体现了实践者新闻活动探索的成功以及当下公众对高品质新闻报道的切实需求。

本章对网生新闻网站的源起动因与发展环境进行了梳理，在此基础上，笔者试图对网站进行学理性的概念界定，对不同类型的新闻实践网站进行辨析，并从互联网技术的发展、报业危机、媒体公信力危机、专业记者的新闻专业主义追求、读者对高品质新闻报道的需求等方面分析网生新闻网站产生的原因。

第一节　网生新闻网站的源起与世界图景

相比传统媒体（Legacy Media）[①]，依托网络技术创建的新闻网站有诸多与众不同的特质，其多样化的种类也已达到无法精准界定的程度。在网络环境中，一批追求新闻专业主义精神的新闻从业者开始了全新探索。

一、萌芽与诞生

20世纪90年代，互联网技术的发展和普及为新闻信息的传播注入了新的生机。时间及地域的限制被该项技术轻松打破，随之而来的是快速、便捷、进入门槛低等传播优势。互联网技术的发展不仅是历史发展的必然趋势，也是军备竞赛与经济利益价值生产的需要。它的发展给新闻信息传播带来了新闻生产中利益的多样化，更带来了新闻理念和新闻实践维度的革命性推新。

尽管技术的进步对媒介的演进甚至社会与文明的推进都具有十分重要的作用，但技术并不是决定一切的根本力量。这根本力量是人类社会经济的发展和所产生的信息传播需求。加速新技术应用于传播媒介的主要动因可以归纳为以下几个方面：

首先，21世纪初，经济危机在世界各地蔓延，媒体行业无法避免地受到冲击，传统媒体与新兴媒体新闻组织都受到了不同程

---

① Legacy Media 译为传统媒体或遗产性媒体，是指以互联网出现之前的广播电视、报纸等为代表的旧媒体。

度的挑战。例如，在西班牙，2008年末超过30家媒体倒闭，超过3 000人失业，每天有17 000名记者遭受着经济危机与媒体形式变迁带来的冲击。

其次，伴随着新闻生产模式的更新，新闻媒体承受了巨大的商业压力。此时因为传统媒体新闻生产中专业记者的现场参与减少了，出现了越来越多的桌面新闻（desk journalism）[①]，其直接结果是原创报道的衰减。正在起步期的在线新闻报道也饱经考验，观众的碎片化、社会角色传播的专业化、受众信息消费习惯改变、特殊的（业余的）生产者的大量出现，以及媒介工业危机都令在线新闻报道举步维艰。

西班牙网生新闻网站"日记"创始人之一胡安（Juan）在访谈中提出，近些年西班牙社会问题凸显，青少年对家长的信任度，公民对新闻业、社会和政府的信任度都在下降。因此，除经济危机的影响外，新闻业也遭受了前所未有的信任危机。新兴媒体时代的新闻公信力受到严重威胁，参差不齐的信息内容增加了传播中的噪音。

最后，开源与共享是信息化时代信息传播的主要方式。以收视率、收听率、点击率、广告为主要收入来源的媒体，在未建立起适应新兴媒体发展规律的商业模式前被冲击。关于对互联网的探索，广播电视领域较早地确立了较为稳定的经营模式，所以在危机浪潮中得以幸存，而依靠内容付费赢利的纸质媒体则在信息社会的各种变迁中继续探索。在线新闻报道网站的技术门槛不高，

[①] 传统的通讯社将工作分配给新闻编辑，而互联网出现后，新闻编辑几乎成为可以在桌面完成的过程。此过程是副编辑（sub-edite）工作的一种。

在发展初期众多信息发布平台如雨后春笋般地出现了，但多数最终因核心内容的竞争力不稳被媒介集团、传统媒体吞并和吸纳，进入新的聚合式发展模式。

二、发展脉络

Web2.0的到来降低了公民参与讨论公共事务的门槛，模糊了网民、读者与专业记者的线上身份。新闻实践活动是伴随着"新闻"的诞生出现的，随着近代报业的产生而逐渐转变为一种社会职业，而职业作为一种社会现象，是与社会分工以及生产内部的劳动分工相联系的，它是（劳动者）因这种分工而长期从事的，具有专门业务和特定职责，并被作为主要生活来源的社会活动。（罗国杰，1985：293）

新闻产品生产的全部过程，例如新闻报道的采、写、编、评都要通过新闻工作者的实践来完成。在传统的新闻编辑部里，专业记者、新闻编辑、新闻产品的技术人员、新闻产品的包装及销售人员组成了新闻生产的团队。

因互联网在美国诞生并普及，美国专业记者的在线新闻报道实践开展较早。渐渐地，欧洲专业记者在新媒体技术的影响下，也开始了专业主义精神指导下的实践活动。法国记者里基（Pascal Riche）是原法国《解放报》的记者，在派驻到美国及中国期间，运用互联网技术并通过微博等方式报道新闻。回到欧洲后，他积极展开了对在线新闻报道网站的建设。

在这样复杂的背景下，网生新闻网站记者怀揣新闻专业主义理想，为改变专业记者和新闻媒体在读者心中的形象，提高新闻报道的专业程度和内容品质而进行了一系列的新闻实践活动。

事实上，网生新闻网站的发展历程可追溯到1995年美国成立的沙龙（www.salon.com），它曾是美国第一个仅以互联网平台为主的新闻发布网站（solely-online），目前该网站已由新闻网站转型为网络杂志。随后，博客新闻网站"赫芬顿邮报"（www.huffingtonpost.com）开始运营，并成为当今全球新闻业界、学界广为关注的成功案例，它的商业运营模式尤其令人称赞。21世纪，在世界各地陆续诞生了众多网生新闻网站，包括2005年在布鲁塞尔成立的新闻网站"广场之声"、2006年上线的法国新闻网站（bakchich.info）以及2007年出现的法国网站"89街"等。

这些网站因承受着经济危机带来的前景不乐观的压力而被市场经营惨淡的媒体所遗弃，所以它们的记者积极利用社交网络，如通过脸书专页等形式，赢得了年轻人的支持，从而使网站获得了大量的读者。这些记者以朋友的身份向读者传递他们的新闻追求，广泛听取意见，聆听公众的诉求和具体问题。

三、世界范围内的繁荣

目前，根据不同分类、判定方法认定的网生新闻网站在全世界超过200个（Sirkkunen & Cook，2012）。本研究在选择案例进行调研的同时，对个别特色网站进行简单介绍：

诞生于2007年的网生新闻网站"网上报纸"（www.netzeitung.de）被视作德国首个纯线上新闻网站。三年后，它与"明日焦点"（Tomorrow Focus）集团的新闻网站建立链接，在谷歌调查中，其月访问量排名第 25 位。而德国另一家网生新闻网站"珍珠"（www.perlentaucher.de）自 2000 年成立以来，被誉为德国最大的文化杂志，2003 年获线上杂志奖。

英国网生新闻网站"新闻报道"（www.journalism.co.uk）是一家提供新闻报道等多元化内容的网站。相比之下，英国其他网生新闻网站多以发布大量的记者调查报道及见解鲜明的博客为特色。

法国网生新闻网站"89 街"与"媒介分离"分别于 2007 年及 2008 年上线，报道了大量传统媒体报道的盲点。

西班牙、比利时出现了规模较小，但影响力不可忽视的网生新闻网站。其中，西班牙网站"日记"在西班牙青年群体中很受欢迎，"维拉网"（www.vilaweb.org）则集合了各类不同的报道。

比利时网生新闻网站"阿帕奇"充分突出了该国多语言的特性，采用法语和弗拉芒语两种语言发布新闻。

意大利的网生新闻网站"蓝蚂蚁"（www.formicablu.it）关注多元化的社会问题，发布新闻对话及科学与社会之间的探讨和调查。作为一家独立的新闻机构，用创新的形式为读者提供新闻。

由于互联网技术诞生于美国且发展迅速，美国的网生新闻网站与欧洲略有不同，理念更加多样化，样态也更为丰富。

表 4-1　欧美国家主要网生新闻网站一览

国家	"网生新闻网站"
法国	Rue 89 Mediapart
德国	Neizeitung Perlentaucher

续表

国家	"网生新闻网站"
英国	Journalism.co.uk
西班牙	Eldiario Vilaweb.org
比利时	Apache
意大利	Formica Blu
美国	The Batavian DavidsonNews

第二节 网生新闻网站的学理性分析

在关于在线新闻学的研究中，另类媒体、参与式新闻、公民记者等概念不断涌现，被用来更细致地描述数字化时代出现的新现象和创新理念。网生新闻网站的形态早已出现，但其称呼和定义却在新闻实践中被不断更新。本研究试图根据已有文献、相关研究及自身的理解，对其定义进行系统性的解读。

因此，回溯网生新闻网站的历史、分析其发展背景，有助于我们从时空维度深入理解其概念内涵。新兴技术使得众多概念需要被重新解读，也使早期的定义被重新建构。网生新闻网站的动态内涵需要从其自身特质的不同角度理解。

一、概念的界定

网生新闻网站的概念目前在学界尚属前沿，唯有准确界定其内涵和外延才有可能真正展开深刻的学术思考。本研究尝试根据此类网站的历史沿革、性质特征及其生存的生态环境，对其作出合乎学术逻辑的解读，以期得到能够广为学界接受的规范性表述。

最初，曾有学者将此类网站定义为纯新闻传播网站（Pure Players）。纯新闻传播网站是源自商业营销范畴的术语，原指企业或公司单一经营某特定产品的商业模式，例如，仅经营饮料产品的可口可乐公司即属单一经营（而其竞争对手——百事可乐公司则遵循多种饮品、食品同时经营的模式）。在互联网学科范畴中，纯新闻传播网站被用来指代不具有物理介质的某些电子商务网站，例如亚马逊（Amazon）等通过互联网销售各类产品但不为客户提供购买商品的实体店面的纯线上商店。

在新闻传播学的研究视野中，学者们虽然借用了纯新闻传播网站的概念来描述纯新闻传播网站，但往往依据各自研究的侧重点，对纯新闻传播网站作出了不同的解释与界定：有的学者，如奥雷利安·贝尔热罗（Aurélien Bergerot）将其界定为"建立在专业记者、特约记者和互联网用户共同合作基础上而与其他媒体无关联的独立新闻网站"（Bergerpt，2009—2010）。有学者则根据对这类在美国诞生、在欧洲发展的网站的研究，称其为新创新闻网站(Journalistic Online Start-ups)。持这一学术见解的研究人员侧重网站内容的生产，清晰梳理了纯新闻传播网站供需关系的三个特点：1．关注时事的新闻实践活动；2．诞生于互联网的线上新闻网站；3．与传统媒体无关联的新创新闻网站。还有学者，如芬兰学者里斯托·库内利乌斯（Risto Kunelius）及其团队将纯新闻传播网站定义为"纯线上新闻提供者"（online-only news providers）。此外，有学者如 Sirkkunen 与 Cook 以纯新闻传播网站的赢利模式为研究重点，以其运作方式来定义这一概念的内涵。

本研究在结合各位学者不同见解的同时大胆假设，认为或可根据此类网站的创建目的、新闻内容的生产方式、运作模式及传播规律，对此类网站的概念界定如下："以互联网为生存平台，采用以专业记者为主体、用户与专家共同参与为辅的生产方式，以发布高品质新闻报道内容为宗旨的自主经营性新闻网站。"由此，其中文学术表述为"网生新闻网站"，英文学术表述为"Internet-native News Outlets"。[①]

二、特质

对网生新闻网站进行观察分析，其共有特质主要包括三点：

1．以互联网作为技术支持（online）

2．以新闻报道为主要内容（journalistic）

3．以企业化为经营模式（company with quality reports oriented）

除这三种基本要素以外，网生新闻网站的新闻实践还有如下特点：

1．建立一个内部的团队去发展新闻生产的流程。网生新闻网站的基础是专业记者的专业主义精神，以及对公共事务、公民现实生活的关注和反思。在相对开放的新闻编辑部，新闻信息的搜集，新闻事件的调查、采写、排版格式安排、多媒体链接建立，互联网发布报道后的读者互动都需要团队合作和规律性的生产流程。

[①] 参见本书作者于《现代传播》发表的文章《简析数字时代网络新闻传播的最新博弈》，2014年第4期，总第213期，第55—59页。

2．建立外部联合组织。互联网本身即为信息分享的有效平台，结合不同的新闻网站共享新闻信息和资源，优化新闻生产流程，形成公共对话的统一声音。网生新闻网站也建立了属于自己的专业新闻组织，如在法国成立的网络信息独立新闻联盟（Syndicat de la Press Indépendante d'Information en Ligne，SPIIL）。同时，网生新闻网站为提高新闻品质，完成新闻深度调查，将更多过滤后的音视频及数据资料进行超链接与平台分享。

图4-1　新闻信息网络独立联盟首页截屏

3．联合新成员以扩大团队。其中，网生新闻网站始终坚持完善由全职专业记者、自由专栏作家等新闻从业人员构成的社交网络，以建立具有新闻专业主义精神的合作组织，扩大组织的影响力。

4. 加强跨领域合作。网生新闻网站发展的技术基础是互联网技术的普及，以及后来移动数字终端的推进。技术的发展打破了多重边界和限制，为各领域的合作交流提供了可能。以"89街"新闻网站为例，在新闻编辑部里的四位技术工程师除负责维护网站的正常运行外，还为网站创造了额外的收入——他们与其他销售公司建立合作关系，并帮助多个公司建立新闻发布平台等。

5. 保障革新中的独立性。如何在当下竞争激烈的环境中生存，寻找多元的商业模式是网生新闻网站面临的主要挑战。在各种尝试中，此类网站誓死捍卫自己的独立性，它们坚持经济基础决定上层建筑的观点，因此努力追求自己的经济独立。网生新闻网站运用控制广告量、限制财团支持、拒绝政府的调控等手段，坚持在生存道路上进行探索。因此，它们在技术革新的浪潮中不断跟进、更新媒介技术，同时又保持精神的独立，这是网生新闻网站技术革新中的又一要点。

6. 逐步推进社会化革新的过程。技术的发展是社会发展的一部分，也是社会发展的需要。顺应现代科技发展的趋势，网生新闻网站将逐步加快科技发展的步伐。将技术的革新进行社会化的应用和推广，以同一主题、不同形式在相异的媒介上发布新闻是网生新闻网站革新社会化的重要过程。但此过程需要时间，需要逐渐融入公民的生活和社会发展中，在技术进步的同时不断地寻找社会化的机遇。

7. 定义自己服务的公众。网生新闻网站注重规划自己的用户和发展目标。多数网生新闻网站根据自身的优势选择可能对调查新闻报道、深度报道感兴趣的受众。与传统媒体不同，网生新闻网站的影响规模有限，无法照顾广泛的大众群体。互联网为读者与专业记者建立了联系的纽带，实现了及时沟通，使得新闻可以不断更新，信息可以不断丰富，让记者更全面地了解用户的需求。另外，社会媒体的推动作用至关重要。

8．定义明确的实现方式与所需要的资源。网生新闻网站的信息获取渠道更加多样，因此它们在确定所需资源后，可以迅速制定相关计划并更有效地实现这些计划。SPIIL 的成立是其资源共享的一次成功尝试，它将许多小规模的网站信息整合在了一起。

9．定义提供服务的最佳策略。以"89街"新闻网站为例，它强调专业记者、专家及互联网用户的合作，报道多角度、经验性的新闻及专题评论。其他网生新闻网站也运用新兴媒体满足用户的不同需求。平板电脑、智能手机等移动终端也都成为网站整合资源、形成产业链的重要渠道。

10．在实践中调整自己的新闻产品。"89街"新闻网站曾试图出版杂志、刊登专题报道、发表深度调查讨论等，这种尝试改变了原有的网生新闻网站的定义。杂志出版不久即宣告终止，因为记者们认为应该将全部精力放在网站上，以创造更多的原创性报道。

网生新闻网站的兴起和发展是新闻实践的一次成功探索，"经典新闻"理念在数字时代借由网络平台重新呈现。从宏观维度观察网生新闻网站，我们会发现它展示了互联网的一部分潜能，证明了新兴媒体不仅带来海量信息的冲击，也带来了新闻从业者发挥潜能的机会。低成本、多样化收入、精准定位读者是网生新闻网站目前保持前进的基本策略。网生新闻网站内容的不可复制性决定了大多数新闻报道成为独家报道。

最大的挑战是多重平台。目前我们运用互联网或超级电视等各种以不同方式建立的平台，这是一种互动的挑战，例如，脸书新闻的消费方式。你的内容不仅仅是在一个平台上发布，而是无处不在。为了向所有的平台提供能带来出色体验的内容，编辑和技术方面依然需要管理。不同的发布平台决定了新闻格式的不同，甚至新闻制作的想法也不同。解决的办法是用统一的数据库向不同平台发送信息。我们现在处在过渡期，2007年上线时，我们是全新的。在法国市场中，我们提倡与读者合作。Pierre说我们是唯一的用读者内容作为主要标题的网站。因此，我们要重新思考如何成为创新的领导者。这不仅仅是技术的问题，也对读者有益。[1]

同时，在未来发展中，网生新闻网站会遇到更多的挑战，其中最实际、最重要的挑战是如何在独立和生存之间寻找平衡。目前，渡过难关的网生新闻网站都找到了符合自身的经营模式，并在实践中不断完善。而在全球化环境下，媒介集团的不断扩张严重威胁到规模有限的网生新闻网站，诸多被收购和兼并的案例揭示了小型媒体多样化发展的举步维艰。因此，避免新闻专业主义乌托邦式的未来发展要求网生新闻网站在经济发展和新闻生产创新中探索更多的成功经验和策略。

在未来的发展中，网生新闻网站会在新兴媒体中选择相应的新闻发布延伸工具，在坚持调查式新闻报道的同时注重读者体验，

---

[1] 2012年9月7日，作者与法国"89街"网站专业记者达米内·西罗托的谈话。

并在新闻生产的各个阶段提高、改进记者与用户的沟通互动。

三、传播范式

布伦（Axel Bruns）认为目前的新闻生产过程已因新媒体和公民新闻的出现而改变。相比由专业记者完全掌控的传统媒体信息搜集过程，在互联网媒体与其他新媒体的信息搜集过程中，记者与公民共同进行新闻信息的采集及处理，而后者不仅提供了积极有效的反馈，新闻制作的相关过程也在新闻生产过程中对其全部开放。最重要的是，在线新闻报道的信息采集范式已不再是编辑、记者主导的把关模式，传统的先过滤再出版方式已经改变，目前已进入全新的由读者、公民共同参与的守望模式，即先出版再过滤。专业记者的角色已经从原来的"把关者"（gate-keeping）转变为现在的"守望者"（gate-watching）[①]，（万小广，2013）如图 4-2、4-3。

输入	输出	责任
由专业记者进行新闻采集	封闭的编辑阶层	对需要发布的信件、电话的编辑性选择
→	→	→
传统新闻生产流程		

图 4-2 传统把关模式（gate-keeping 模式）

---

① 另译"集体监看"，http://media.nfdaily.cn/content/2013-01/12/content_61813226.htm 2013 年 9 月访问。

守望	输入	输出	责任
对所有用户开放的对新闻资源的守望	对所有用户开放的选择故事的提交	立即发布或合作编辑新闻故事	对所有用户开放的讨论和评论

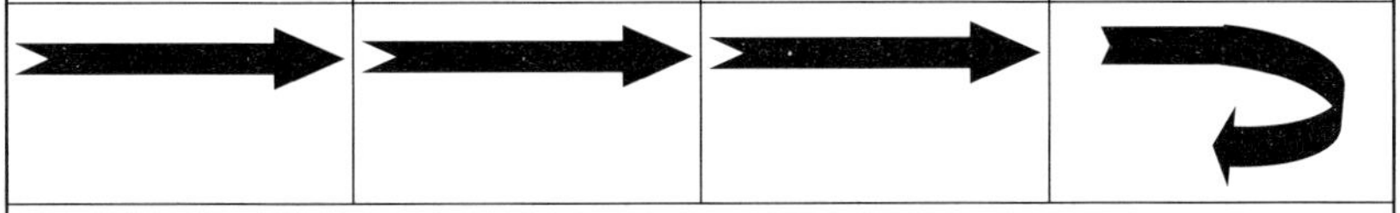

守望模式的新闻生产流程

图 4-3　互联网时代守望模式（gate-watching）

这种守望法将新闻信息汇编在一起，而不是将多种资源综合在单个报道内容上。从另外的角度理解，传统专业记者与编辑更多是担任如足球比赛中守门员般的"等待—反映"角色，而互联网的出现使他们可以更主动地寻求新闻信息和新闻资源，以守望者的态度观察正在改变的世界。因此，这种范式的转变是一种由被动到主动、由压缩到整合的对新闻实践的重新认知。（Bruns，2008：171—184）

> 我的主要工作是管理网站首页，决定哪些故事更重要，哪些次要。不同之处是，我们的标题与传统媒体不同。这里是合作模式的选择。我们每天有两个首页，今天我选择这个，明天选择另外一个。你可能有四个故事，或者紧急新闻，我们需要阅读所有的东西然后再决定哪篇报道更重要。①

尽管布伦的研究是基于对维基百科等共享资源发展进程的观察，但守望模式可以从学理角度帮助我们结合传统传播模式对当

---

① 2013 年 8 月 29 日，作者与西班牙"日记"网站专业记者奥托·里贝罗的谈话。

下的参与式新闻生产流程进行解读,而网生新闻网站的生产模式也正是在这种步骤中实现与读者的互动和结合的。

第三节 不同类型新闻网站的专业实践辨析

对小众媒体的高度关注和认可并不意味着传统的传播格局被彻底打破,这是民主社会得以高度、全面发展的表征之一。媒介的历史由多样化的小媒体,相互合作、兼并形成的媒介公司和媒介集团等样态组成。纵观媒介发展与社会发展的历史,从传统的新闻报道的纸质媒体到媒介集团融合形成的多媒体发布平台,再到对当下另类媒体、公民新闻网站的关注和扶持,展现了现代社会对作为民主发展必要条件的"多元话语权"的建构与推动。

同时,随着新媒体的不断涌现,其定义被不断更新,新新媒介(New New Media)等概念的出现反映了准确定义新兴媒体的困难。互联网平台给新闻传播提供了更多可能,各种不同诉求与定位的网站如雨后春笋般从互联网平台产生,网生新闻网站是近些年新的新闻生产模式的代表。但值得注意的是,多元的互联网新闻网站之间既有差异也有交融。为了明晰网生新闻网站的独特性,本研究将从多个方面详细辨析媒体之间的异同,以求勾勒出清晰的媒介面貌。(以下论述结合表 4-2 进行)

一、聚合类新闻网站:通讯社式服务

在线新闻报道发布渠道根据其新闻发布方式可以分为聚合类

新闻网站、传统媒体附属网站及网生新闻网站。聚合类新闻网站指具有新闻发布功能的网站，但此种网站的新闻多是复制其他渠道的新闻信息而来的；或指具有简单的新闻编辑、新闻聚合功能的社交媒体。前者包括各大门户网站及其新闻发布平台，例如雅虎、谷歌新闻等。传统媒体附属网站是报纸、电台、广播公司、通讯社及非政府组织建立的与其联通的新闻网站，最具代表性的有英国广播公司的新闻网站（www.bbc.com）、美国有线电视网新闻网站（www.cnn.com）、法国《世界报》附属新闻网站（www.lemonde.fr）、法国新闻社网站（www.afp.com）等。

移动阅读已成为数字时代的新阅读观念，用户可以随时随地查看信息、阅读信息、发布信息，新闻聚合应用程序都用尽法宝争取更多的订阅用户。事实上，无论传统媒体还是新兴媒体，其用户多有每天阅读新闻的习惯，也在不知不觉中接收多重信息。当下许多网站将当日新闻以文字列表的方式发布，此举并不利于用户的题目选择和深入阅读。而聚合式新闻网站根据内容分类进行筛选，页面多根据时间、主题相关性即时更新。同时，用户可以进行 RSS 订阅，它提供更方便、更高效的互联网信息发布和共享，这来源于精细的个性化聚合特性。

聚合新闻的突出代表则是传统的新闻集散中心——通讯社（News Agency）。通讯社指以采集和发布新闻为主要职能，为其他媒体提供新闻服务的机构，通常不直接向公众提供新闻。作为消息批发商，它是整个新闻生产流程的顶端，并最终将商品提供给报纸、广播电台及电视台等，并不针对个人发布消息。通常，通讯社的人力、物力可以延伸到普通公众无法达到的高度及深度，它是新闻传播专业化分工协作的产物。通讯社与传统媒体及新兴媒体的最大区别是其与受众无直接联系，通常它向其他媒体平台兜售新闻信息，再由其他媒体进行筛选和分类后向用户提供。但面对互联网等信息技术的挑战，法新社于1999年末联合芬兰移动电话生产商签订协议，以手机无线通讯协议（WAP）方式向手机用户提供网上新闻服务。由于用户需求已表现出碎片化、细分化的特点，美联社、法新社、路透社等世界著名通讯社都针对此趋势做出了整体改变。例如，美联社于2000年推出关联源流新闻，提供针对互联网制作的各类新闻形式，包括新闻报道的录音、视频等。另外，通讯社还将单一的新闻产品转变成了网络可应用的多媒体产品。

二、传统媒体附属网站：数字式延伸

信息化技术推动了新媒体产业的快速发展。随着信息化通讯技术、计算机技术的飞速进步，新媒体实现了媒体与媒体之间的信息横向化联合，媒体可以与国家、社区、产群个体进行综合化互动，从而产生了新闻信息产品。目前，新媒体的产品呈现出多样化、分众化的特点，其中包括移动新闻服务、数字广播服务、移动视频服务。

网生新闻网站与传统媒体附属网站的主要区别可概括为如下几个方面。在内容与议题选择方面，传统媒体会遇到选择困难，即将何议题置于头版。附属于传统媒体的网站多为复制信息，媒体间同质化严重。在记者分工方面，传统媒体的记者工作包括由编辑分配到特定议题报道等内容，网生新闻网站的记者工作则分为两项：自己选定议题及与读者互动。因此，传统记者居高临下的地位被颠覆，以由上而下为方式的读者关系得到重建。对于新闻编辑部环境，传统媒体为应对新兴媒体的冲击进行了各种尝试。但传统媒体的附属网站的运营依然存在诸多问题，如网络部记者工作环境较差、薪资相比传统媒体较低，反应机制慢，层级过多。相比之下，网生新闻网站的记者发布稿件时只需说服一到两个高级编辑。

更重要的是，传统媒体附属网站中的新闻报道超链接及相关文章链接大多指向自己的网站，是内部循环。相反，网生新闻网站则更多地将外部链接添加至自己的新闻报道中。

除上述观点外，社交网络报道是否能称为新闻的问题也需要提及。社交网络对于共享本地化信息、提供事件的动态发展有独特的优势，而其中的公众人物和意见领袖也发挥了更大的传播作用，大量的复制和转载使新闻信息和评论迅速扩散。在某些情况下，互联网，特别是社交网络传播的新闻事件，会挟持传统媒体和新兴媒体的新闻选题。同时，社交网络也是谣言的温床，专业新闻媒体在报道新闻事件中缺席时，社交网络中的猜测会转变为新闻迅速传播，此时，大多数用户和读者会向专业新闻媒体寻求答案，如查寻未果，谣言将会更加肆意传播。此外，在社交网络中产生的话题和关注会引发"一石激起千层浪"的效应，但信息在发酵之后会迅速消失，发布者对事件的后续发展关注不够。因此，高品质新闻报道应该重视对新闻事件的持续报道，从选题开始到问题的解决，对其相关发展进行长期的跟踪和分析，并且关注发现问题之后的处理结果。

三、另类媒体/可替代媒体：专业化尝试

另类媒体（Alternative Media）的起源可以追溯到 19 世纪 70—80 年代欧洲和美国的政治激进媒体的产生和繁荣。（Downing，2003）另类媒体的源起主要以 1960 年前后出现的地下出版物为标志，并以自由政治为背景，不同于传统媒体的表现形式。（Atton，2001：1）另类媒体的主要目的是服务社区，替代主流媒体，连接另类媒体与公民社会。（Bailey, Cammaerts & Carpentier, 2008）它以资产阶级的产生为经济基础，伴随英国的文化另类（Culture Alternative）共同发展。早期研究认为另类媒体是一种持续的新闻实践。（Atton，2001：28：32）

另类媒体被引入中国后，国内学者对此概念有许多不同的解读。台湾学者成露茜认为："与主流对抗的媒体就是另类媒体。其所谓的对抗，是指整个媒体的目的、运作、生产过程、组织等各方面均与主流媒体的价值观相左。"（成露茜，2004）深圳大学罗慧博士曾详尽地梳理了西方另类媒体的研究情况。（罗慧，2010）

值得注意的是，另类媒体的概念并不完全等同于非主流媒体（non-mainstream media），也不等同于激进媒体（radical media）。另类媒体的概念更为广泛，它包括不同的生活方式，各类出版物及各种媒介形式，例如小说、诗歌等。因此，它比非主流的概念更为具体。美国记者苏珊·福德（Susan Forde）提出了另类新闻（alternative journalism）的概念，为将另类媒体作为一种

媒体来研究提供了实践参考，丰富了对新闻报道研究的系统性解读。(Forde，2011：56—72)与公民新闻不同，另类新闻的实践主体包含身为公民的报道者、社区、独立报道者、专业记者及相关领域的专家。苏珊还总结了另类专业记者的主要作用和实践形式。另类媒体研究的先行者之一阿通（Atton）曾试图构建新的另类媒体模型，该模型强调基于社会网络的过程和关系结构，即所谓的另类媒体对传播工具进行反思的价值。(Atton，2001：30)

另类新闻是对新闻主导实践的批判，它反思了新闻来源和表达惯例，如惯用的新闻文本的倒金字塔模式。同时，它批判了新闻在商业压力下形成的资本等级制度、精英偏见、客观性的专业化标准以及受众作为接收者的次要角色。

另类媒体为特定群体参与公民社会提供了连接渠道，其专业记者则致力于通过对相关议题的报道，鼓励读者参与更广泛的社会运动和政治活动。相比传统媒体，另类专业记者优先选择当地新闻或与社区相关的新近实践，促使社区之间加强联系，通过媒体平台形成内部连接网络。传统媒体的筛选造成了新闻报道的盲点（blind spot），而另类专业记者也会选择不为人知的独家报道。另类媒体与主流媒体在选择新闻的方法上有一定的区别，特别是另类媒体的事件表现出高度的政治化。加拿大学者罗伯特·哈克特（Robert Hacket）成立的网站是对另类新闻发布渠道的早期探索，它报道主流媒体未报道的新闻，是另类新闻实践的初步尝试。另类新闻的报道者包括不同背景的群体，该群体模糊了信息报道者与接收者之间的界线。

另类媒体的政治优势来源于抗争的文化力量，包括使用权、参与权、所有权和表达权。另类媒体的组织结构与传统媒体不同，后者具有高度层级化、内部职位角色分明等特点，并与其他企业有共生关系；而前者主要采取社区或集体化的生产过程，因此弱化了专业记者与非专业记者之间的界线。这种转换正体现了新闻实践的去制度化、去专业化的愿望和尝试。

四、混杂类网生新闻网站：借助知识劳工

除另类媒体、聚合式新闻网站以外，混杂类新闻网站代表了互联网平台与新闻实践的另一探索和实践。以美国新闻博客网站"赫芬顿邮报"（The Huffington Post）为例，它聚焦于美国及世界时政新闻，通过筛选来为读者提供有价值的新闻信息。"赫芬顿邮报"主要以全天候新闻聚合发布、博客新闻评论两种方式来呈现、解读新闻，在保持博客传统风格的同时，网站筛选、传播信息的方式具有鲜明的聚合式媒体特色。"赫芬顿邮报"网站由 57 岁的阿丽安娜·赫芬顿（Arianna Huffington）、肯尼斯·勒利尔（Kenneth Lerer）和乔纳·佩雷蒂（Jonah Peretti）三人共同创立。赫芬顿就读于英国剑桥大学，研习希腊哲学和坚持女性主义的政界名流，这给互联网时代的新闻增添了新色彩。丰富的参政经验令赫芬顿在自己的博客上发表了政治评论并邀请了众多"明星"朋友参与讨论。2005 年，赫劳顿开始抨击布什政府的伊战策略及《纽约时报》（New York Times）对军事和外交事务的报道。从 2008 年开始，网站试图发展为互联网报纸，以博客加聚合新闻的方式发布政治评论和其他社会新闻。2013 年，网站夺得普利策新闻奖，这标志

着"赫芬顿邮报"模式的成功。目前,它已有超过3 000个经认证的博客,其中包括众多"名人评论"。它在引起民众对政治领域议题的关注后,又向各个领域延伸,包括时尚、艺术、文学等。

2011年,"赫芬顿邮报"被美国在线(AOL.Inc.)以3.15亿美元收购。"赫芬顿邮报"当时的广告收益已显示出网站赢利前景非常乐观,但AOL与"赫芬顿邮报"同时受到博客作者乔纳森·塔西尼(Jonathan Tasini)的指控,该作者认为它们利用博客的原创内容赢利,却未对博客的贡献者支付报酬。而赫芬顿却认为发表博客与通过电视平台宣传自我观点的行为毫无区别,因此不能接受这种指控。在进行纯商业合作的同时,"赫芬顿模式"被批评为利用他人的理想主义,"让大家在不同的、独立的和左翼的事业的幻觉下为它卖苦力"。结果这些公民记者和博客作家成了名副其实的知识劳工,沦为媒介集团的另类员工。

表4-2 传统媒体附属网站、网生新闻网站与另类媒体比较(成露茜,2004;罗慧,2012)

	传统媒体附属网站	网生新闻网站	另类媒体
目的	传统媒体(纸质媒体、广播、电视等)的补充及赢利	补充媒介议题盲点做高品质新闻报道	社会集体公益、理想
媒介平台	互联网	互联网	互联网(另有电台、电视台、报纸、小册子等)
创立者	传统媒体记者、互联网部门雇用编辑	(特别是曾在传统媒体工作的)专业记者、各领域专家	专业记者、公民、政治异见者、边缘及弱势群体
制作产品	多为传统媒体的内容复制	独立选题、采访、反对传统媒体的议程设置	以社会目的为内容取向,保障弱势及边缘群体发声
阅听人	传统媒体阅听人、少量参与者	互动参与者	互动参与者
收入来源	传统媒体的分配、广告	广告、捐赠、订阅、多样化	平民百姓及非商业团体订阅、捐赠等

续表

	传统媒体附属网站	网生新闻网站	另类媒体
发行	互联网	互联网	各种另类的据点：叫卖式、发送免费报、互联网等
所有权	出资者所有，讲求版权	出资者所有，讲求版权	开放授权，知识及资源共享
信息来源	传统媒体资源	专业记者、阅听人、博主	平民、边缘群体及资源共享
组织结构	垂直多层等级制，明确的科层与劳资关系，权责分明	垂直简单等级制（多为两层），集体生产	平行的合作制，集体生产，参与式民主
新媒体应用	苹果、安卓系统的手机应用（App）	苹果、安卓系统的手机应用（App），平板电脑	大众化生产方式，科技含量较低，现重视互联网功用，提倡开源共享资源

传统媒体的信息传播局限于一对多的扩散模式，各传统媒体之间是线性关联结构。新媒体的不断更新降低了网生新闻网站的运营成本，提供了多样化的信息发布渠道。网生新闻网站催生了多对多的传播模式，信息以发散式的网状连接传播出去。网生新闻网站的建立以特定的诉求为目的，其信息接收者群体更为固定，同时能借助新媒体，通过互联网中的社交网络（social network）、独立网站、手机应用软件（App）等形式发布信息，并及时与受众进行互动。如果将传统媒体比作战争中的正规军，那么网生新闻网站则是灵活性更强的游击队。

第五章　专业化新闻报道：网生新闻网站的生存空间

本章笔者将讨论网生新闻网站生存的环境土壤，从宏观—中观—微观三个层次考量：首先，来自外部的媒介生态环境的影响，包括具有代表性的此类网站所属国家的媒体政策与记者生存环境；其次，网生新闻网站的组织内部环境，即作为新闻组织其内部的运作机制的影响；最后，本研究试图分析新闻实践者的自我意识，从微观层面观察新闻从业者的自我实践、认知及反思。因篇幅局限，本书无法囊括对所有已出现网生新闻网站的国家的政策分析，这里主要以案例为基础，选择法国、比利时与西班牙的相关情况进行分析。

第一节　网生新闻网站的媒介生态

具体说来，网生新闻网站的社会约束力主要来自行政管理机构制定的有关互联网运行的相关政策、专业记者的职业伦理、用户的评价与社会监督等。

一、宏观政策对网站发展的影响

国家层面的互联网政策对新闻信息的传播活动有着重要影响，其具体内容也渗透于专业记者新闻实践的各个方面。在传统媒体发展时期，许多国家的媒介发展历程比较相似，都历经了从规制（regulation）到放松规制（de-regulation）再到重新规制（re-regulation）的过程。互联网技术发展后，法国、比利时与西班牙等欧洲国家采取了相对宽松的管理制度。

目前，比利时的互联网用户约860万，占其人口的82%，居世界第43位。[①] 比利时政府对互联网的使用没有特殊限制，支持用《2013年世界言论及出版宣言》等法规来保障互联网的安全。因此，政府鼓励个人或组织利用互联网平台表达自己的观点，通过电子邮件、聊天室等途径进行信息交流。同时，比利时宪法和相关法律规定，尊重包括新闻从业者在内的各种人员的言论自由，承认新闻独立，并将国家司法和民主政治制度相结合，以确保言论自由和新闻自由的权利。

在实际运营中，比利时主要互联网服务供应商，包括比利时电信（Belgacom）、贝斯（Base）、普洛西姆（Proximus）、莫比斯达（Mobistar）等在内的数十家公司，自2009年开始施行了一项新措施，即当用户试图进入非法运营或扰乱公共道德秩序的网站

---

① *Percentage of Individuals Using the Internet 2000—2012*, International Telecommunications Union (Geneva), June 2013, retrieved 22 June 2013.

时，这些公司将自动过滤这些网站。通过以上运营商浏览网页的用户会在特殊网站上收到该网页违反比利时法律的提示，网站会因此被屏蔽。

相比之下，西班牙政府对互联网的收发信件、聊天室网页浏览等功能都没有特殊的限制。截至 2012 年，西班牙有 3 390 万互联网用户，位列世界第 19 位，占其人口的 72%。① 在西班牙，媒体独立、言论自由被纳入政府的法律法规保护范畴，其发达的民主制度、有效的司法机关和独立的媒体为言论自由提供了支持。但相关法律规定，如有支持恐怖主义、种族歧视团体或暴力活动，以及侵犯他人隐私等行为，将会受到宪法的约束和处罚。2009 年，欧盟信息社会与媒体委员维维安·雷丁（Viviane Reding）还特别指出，如果西班牙没有经过司法程序就截断互联网，这将是与欧盟对立的行为。

二、新闻从业者的生存环境

欧洲学者在研究中指出了法国记者近些年的发展趋势：法国记者以男性为主导，但实际工作执行者中的女性越来越多；年轻实践者的数量正在超越年长者；新闻工作者的教育程度正在提高；自由撰稿人的比例增加；白领工作者的比例增加；印刷部门中的多数工作成为新闻工作中的保留形态；巴黎地区记者继续专注于经历。各种媒体的平均薪资排序为：国家日报薪酬最高，其次为

---

① *Percentage of Individuals Using the Internet 2000—2012*, International Telecommunications Union (Geneva), June 2013, retrieved 22 June 2013.

大众兴趣杂志、电视台和新闻通讯社。(McMan,1989b,1998)

值得注意的是,尽管当下法国新闻人比过去受到更多、更好的教育,但他们的声誉和政治影响远不如从前,且作为民主进程主要影响因素的角色也进一步弱化。记者更多地成为市场社会和独立消费者之间、个人与共同利益之间的联系人。

在法国,对新闻记者的认定,即记者证的颁发有如下规定:自由撰稿人获得的稿酬总数不低于法国社会最低工资水平(SMIC)时[①]则可以颁发记者证。1985年以后,该法规将广播记者纳入条例范围。21世纪初新兴媒体出现后,该条例将在网站和移动电话领域工作的新闻实践者也列入其中。此外,在法国工作的外籍记者也可以申请法国颁发的记者证。值得注意的是,在法国,记者证并不是从事新闻实践活动的必要条件,没有记者证的记者同样可以采集新闻。但如果新闻机构雇用无记者证或正在申请记者证的人员,其雇用时间不得超过三个月。

比利时记者的生存环境经历了独特的发展历程。1830年,比利时在法国大革命的影响下,通过反抗革命脱离了荷兰的控制,成为独立的民主国家。当时,专业记者已积极参与到了比利时的革命活动中,甚至参与了宪章的编写、制定。1870年以后,比利时被分为法语、荷兰语和日耳曼语三区,其中包括荷兰语区的620万居民、居住在法语瓦隆大区的350万居民,另有居住在官方双语布鲁塞尔－首都区的100万居民(比利时2010年统计)。

与欧洲多数国家一样,比利时也拥有强大的公共媒体服务系

---

① Salaire minimum interprofessionnel de croissance,法国最低工资标准,经过政府上调,2014年法国每月税后最低工资约1 113欧元。

统,但其商业媒体发展较早,始于 1987 年。由最初进入瓦隆大区到完成弗拉芒大区的融合,商业媒体的拓展仅仅用了两年时间。瓦隆大区的商业电视归欧洲媒体集团 RTL[①] 所有。比利时的媒体图景受其语言特征影响,媒体政策呈区域特性。弗拉芒报纸市场被科拉丽(Corelie)、波斯高(De Persgorep)、贡桑特拉(Concentra)等集团占据,约出版 10 种日报。近些年,比利时报纸读者有所减少,以瓦隆区尤为明显,大量依靠广告生存的媒体受到冲击,广告销量锐减。许多媒体公司开始裁员,甚至有媒体组织裁员三分之一以上。进入互联网时代后,比利时的新兴媒体多由传统媒体公司主宰。

比利时国土面积虽小,但其政府对教育、医疗、媒体等社会发展的主要层面都进行了巨大投资。对新闻从业者生存状态的深度关切也更好地推动了媒体发展。从 1983 年开始,根特大学的学者便对弗拉芒区 250 名专业记者的社会生存环境、工作状态、职业认同等进行了调查,并在 1991 年与 2001 年结合性别因素进行了深入调查。2008 年,根特大学再次与弗拉芒记者协会展开合作,对弗拉芒所有专业记者进行调研,并于 2010 年出版了调查结果。

综上,以 750 名比利时记者为调查对象的研究显示:比利时记者的专业技术水平较高,相关教育背景深厚,其专业技术培训从第二次世界大战后便开始了。例如,20 世纪 90 年代根特大学和合作院校就开设了新闻传播学的相关课程培训。在传统媒体中,比利时记者的平均年龄为 40 岁,多数在印刷媒体做全职工作。在

[①] RTL Groups 是一个欧洲传媒集团,在卢森堡初次注册,随后在法国巴黎建立电台,在德国科隆设立电视台等。

网络媒体中，记者与编辑的平均年龄为20—30岁（30%的网络记者年龄在30岁以下），多媒体负责人和主要负责人约30—40岁；比利时互联网记者主要是男性（65.5%），其中7%受过高等教育。1983年以来，虽然女性记者的比例在男性主导的媒介中不断上升，但女性很难在新闻编辑部中得到较高职务。在自我认同方面，新闻从业者认为新闻采写技巧、基本常识与背景、灵活的态度与专业教育都是判定新闻记者能力的重要因素。（Farias & Rojano, eds., 2012）

西班牙记者的生存环境相比法国、比利时更为复杂，其新闻业在多次辗转中历经了严重考验。从专制统治的政府干预到重商主义施加压力，西班牙媒体逐渐失去了大众信任，被大众批判为右派的喉舌。与此同时，新闻从业者的失业率上升，公众对西班牙媒体的新闻发展态度悲观。与其他欧盟国家相比，西班牙读者的媒体消费有明显的娱乐化倾向。西班牙媒体曾被学者定义为"多极化的媒介系统"。（Hallin & Macini, 2004）

事实上，西班牙新闻业成熟，具有高度的自主性，其编辑主体具有独立性，公共及个人发布渠道可选性强。同时，西班牙专业记者的整体受教育程度在欧洲处于较高水平，获得相应的新闻传播学学位的记者比例也较高。然而，西班牙记者的工作市场前景并不乐观。自2009年起，西班牙媒体面临诸多挑战，如工作时间减少、暂时性解雇、发行量下降、裁员、付费模式向内容免费发布转变、新媒体冲击等形式的专业危机。（Farias & Roses, eds., 2012）2009年一项关于记者工作环境的调查显示，记者对工作环境的担忧高于2008年的调查结果。其中，42.5%的记者表示他们的职业活动从没受到过压力,而其他57.5%的记者表示他们受到过不同形式的影响和压力。相比男性记者,女性记者占总体的少数部分,她们的工作多处于边缘,收入少、权力级别也较低。多数记者对自身工作比较满意,并希望继续在此领域工作。关于媒体可信度的调查显示,被调查者的排序依次为广播、纸媒和电视。同时,有超过半数的专业记者认为西班牙媒体的新闻品质与欧洲其他国家持平。(Farias & Rojano,eds.,2012)

三、记者专业组织的贡献

以法国为例,全法记者工会(Syndicat National des Journalists)成立于1918年战后动荡的新闻环境中,是法国第一个专业记者联盟,曾有超过3 000名专业记者加入过该联盟。目前该联盟位于法国首都巴黎,其组织核心是道德、社会与新闻业之间的调和。全法记者工会的最大特点是独立性。尽管其成员人数在19世纪70年代中期有所减少,但它仍在记者工作环境的保障中起到了重要的推动作用。全法记者工会的成员由记者联盟和出版社提供的候选人选举产生。全法记者工会在成立之初就设立了记者道德规范,其中,呼吁记者不寻求本职工作以外的工作与保守职业秘密是两则最重要的内容。1938年经修改后,该协定取消了对"接受与利益有冲突的'酬金'与'金钱游戏'"的限制,也取消了由联盟纪律委员会处置、裁定的规定。法国国家和各地区专业记者的薪资、假期时间及其工作合同由联盟所有者和记者联盟协商确定。

除相对宽松的互联网规制以外，西方国家新闻从业者积极开展业内联合，以各种组织、协会、工会等形式团结力量。经过多个网站的共同尝试以及众多网站的运营实践，为更广泛地联合专业新闻记者，推进网生新闻网站的合法化进程，法国数家网生新闻网站联合成立了新闻内容生产行业合作机构辛迪加"网络信息独立新闻联盟"，旨在共享线上新闻资源。网生新闻网站通过争取专业身份合法化、探究多样的商业模式、成立行业组织等手段，证明了自身的可持续发展，为数字时代通过网络传播的新闻实践提供了重要参照。该组织认为目前的网生新闻网站在未来发展中应该有新的策略：

1. 应向政府申请缩减目前的直接援助，转向间接援助。当下，政府的直接援助对小规模媒体整体发展的作用不大，资助并不能从根本上解决媒体的生存问题，反而会迫使媒体与政府产生某种关系。相反，间接援助可以保证媒体的独立性和多极化。间接援助的提议由记者联合组织提出，他们主张应该加强简单公平的间接援助，迅速增强彼此之间的健康联系。因此，他们希望政府可以根据实际情况，对网站的发展采取新的援助措施。但此策略有诸多弊端，如时间长、过程缓慢、资助至少要持续三年以上才能见效等。

2. 鼓励新闻网站的自身研究及共生项目。网生新闻网站的实践者认为，新闻业是某些研究机构忽略的产业，而网站出于对未来的考虑，应该使自己的团队与研发机构关联，并根据网站涉及的领域同大学等科研组织进行合作。

3. 目前看来，网生新闻网站获得的无附加条件投资不足，因此应该加强投资。从之前的网站统计来看，出版企业的投资不足，司法和财政上的支持也不足。因此，需要巩固业内的合作机制，促进不同领域的投资，进而丰富合作资金的种类，并使网站之间建立长期的、稳定的合作关系。

4．新闻网站应该推动欧洲数字化战略。当下的网生新闻网站尚属小众媒体，因此数字化基础不足，亟待在欧洲大陆更广泛地开展项目合作。欧洲的数字化普及较早，但网生新闻网站由于出现较晚，规模及资金有限，其对新媒体技术的应用有一定限制。在未来的发展中，应加强网站数字化战略的实施，以求能获得技术上的进步，从而为高品质新闻报道提供基础保障和多样渠道。

5．网生新闻网站应持中立的态度。目前，纸媒中的新闻报道与在线新闻报道的公信度并不相同，前者的品质和声誉经多年积累与发展更胜一筹。因此，两种媒体间的评价不均等要求数字媒体在未来把握更多机会，即在不同的变革和挑战中，保持内容的独立性和公正性。

6．网生新闻网站应该增加信息权限。目前，针对新闻从业者及信息权利保护的相关法规在不断完善，但亟须将权利进行分散并加以限制，同时也需要让法律成为新闻自由的基础保障。在逐渐获得公众认可的同时，保障各种信息渠道畅通与权威是网生新闻网站当下最重要的工作之一。

7．网生新闻网站应在实践中不断自我革新。网生新闻网站需要新闻专业记者探索和技术发展的双重保障。目前，建立网生新闻网站的各方面成本较高，应努力建立 NICTS 拓展企业，通过不同渠道、不同的发展计划帮助网站进行自身更新，专业记者需在不断的尝试中获得更多的专业优势。

8. 网生新闻网站应试图重构社会权利。记者们应更加关注社会制度的弊端和陈旧的财政问题，以批判、质疑的精神对社会现实作出更多的反思，使公众的财政和社会状况有明显的好转和提升。同时，应特别注意不同社区内的权利重构。

9. 网生新闻网站应与读者共同建立信心。数字化时代的乐观景象使网站拥有越来越多的活跃的用户，专业记者应致力于与读者建立信心公约。高品质新闻报道将逐步改善公众心中在线新闻报道繁杂低质的印象，使网生新闻网站在发展中建立更强的公信力。

第二节　网生新闻网站的内部环境

新闻组织的有效运行需多方共同合作与支持。从社会层面看，新闻组织的运转依赖于政治民主化程度和经济系统中的市场化水平。同时，它还受制于政府、执政党、社会集团及民间舆论带来的诸多压力。新兴媒体的快速发展不仅对传统新闻生产过程产生影响，更为专业记者的制度化管理带来了挑战。传统的科层制度已经跟不上信息迅速发布的脚步，也不利于记者与读者之间的互动和交流，因此众多新闻媒体以新的方式调整专业记者的新闻生产过程。网生新闻网站以高品质新闻报道为目标，以寻求文化、社区共识为取向，以新闻专业主义及促进新闻从业者与读者互动为基本准则，探索多样化的运营模式，努力改善内部结构与新闻生产环境。其中，主要策略包括建立专门的在线新闻报道管理中心，建立用户回复管理团队等。网生新闻网站力图在原来的制度框架内,赋予记者更大的权限和更多的职责,运用开放式管理方式处理记者与各部门之间的关系和工作分配。

一、网生新闻网站的组织结构

新闻组织的内部结构是新闻策划、采访和发布的制度性保障。根据具体的目标、类型、新闻采编机构等特点,新闻组织通常制定不同的管理办法。为保证新闻生产过程、新闻策划的顺利实现和新闻传播实践的有效进行,新闻组织需要建立稳定、高效的组织结构,这有利于新闻组织的发展和管理。

传统媒体的组织结构比较复杂,包含的职位、部门以及管理者较多,它的优势是专业化程度高、责任分布清晰。传统媒体的组织机构运营时间较长,专业记者的实践周期也较长。在报道过程中,记者申报程序复杂,需要各部门的许可和配合。相比之下,网生新闻网站作为新兴新闻网站,其新闻理念和实践方案要求新闻生产流程简化。网生新闻网站的专业记者角色多样,经常同时担负多种职务,而在新闻报道完成后,发布过程相对简单。

(在"89街")没有被屏蔽的事件,或者被置于印刷前的检查。在这里你可以很快作出决定,甚至在1分钟内,你就可以见到主编。如果新闻报道不够好,可能会被换掉图片或用另外的方式呈现,所有的事都很快被决定。例如,今天早上的报道,我们认为它很棒,所以我们需要给它一个较大的版面。10分钟后，我们便有了现在这个大的图片。[①]

网生新闻网站的新闻生产流程大多在线上完成，专业记者将完成的新闻稿件发送给编辑和主编，稿件经过讨论和修改可直接发布。在随后的读者反馈互动中，专业记者可以随时更正、添加信息或建立多媒体链接等，以简化的新闻发布流程不断优化新闻报道的品质。

下面以本研究选取的三个网站为例。

1. 法国新闻网站"89街"

因"89街"的网站定位和发展目标是创造专业新闻报道与互联网文化融合的媒介，以及专业记者与读者之间的合作机制，所以其组织结构简单，没有明显的行政层级区分。在笔者的调研中，截至2013年，法国新闻网站"89街"拥有3名主编、2名副主编、1名专门负责信息图的记者，另有聚焦不同报道方面的新闻专业记者和编辑15人、技术团队4人，共计25人。"89街"试图逐渐成为满足读者信息消费需求与思想碰撞的有效渠道，因此网站在批判思维中寻找解决问题的方法并大力帮助社会制订可行方案。在新闻信息采集、报道发布等过程中，专业记者独立完成选题、采访和跟踪，完成报道后提交副主编审阅，随后即可发布。整个新闻生产过程在组织内部无阻力，专业记者可以从编辑、技术和行政人员处随时获得团队帮助。其网站首页如图所示：

[①] 2012年9月4日，作者与法国"89街"网站专业记者奥德蕾·塞尔当的谈话。

第五章 专业化新闻报道：网生新闻网站的生存空间

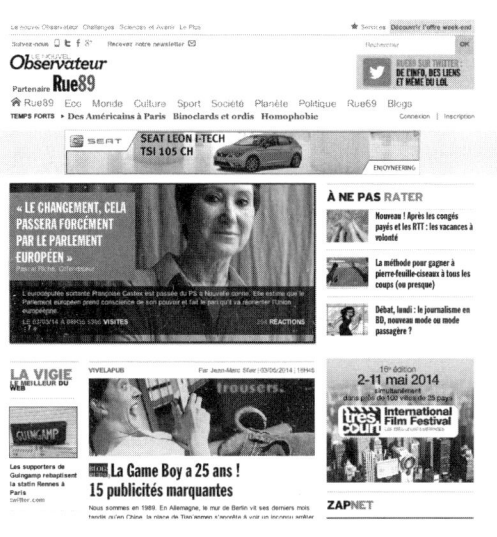

图 5-1 法国新闻网站"89 街"首页

"89 街"的编辑团队在本书列举的三个案例中规模较大，在其新闻编辑部中，新闻从业者的年龄分层现象较为明显。如下图：

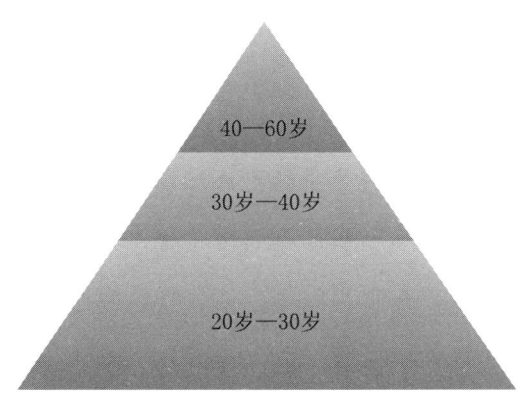

图 5-2 "89 街"记者的年龄分层情况

其中 20—30 岁及 40—60 岁的专业记者是"89 街"编辑部的中坚力量。年长的、经验丰富的领导团队主要由网站的创立者组成，而执行团队主要由青年记者组成。与前文列举的法国专业记者基本状况进行对比,"89街"的专业记者团队呈现出了年轻化的趋势。

在最开始时,团队(记者)年龄大多为20岁。直到现在,我们有了30岁左右的专业记者,但其中大部分依然是年轻记者。如何让年轻人加入互联网媒体是一个挑战,而非经验问题。我们一直处于转型中——从我们的时代过渡到他们的时代。他们掌握互联网技术,但是我们对如何做新闻报道更有经验。所以我们试图把他们的技术与我们的经验结合起来,创建有共同点的文化气氛。如果20—30岁时你在某个公司起步,那你将会做大量的琐碎工作,比如,你会从帮其他人买咖啡开始……而在我们的案例中,因为团队规模有限,青年记者很快被赋权(获得采访重要人物、报道重要议题的机会)。①

事实上,在"89街",年轻人和记者的关系与传统新闻组织有很大不同。因为年轻一代对许多我们不知道的技术很熟悉,比如视频、新功能、应用程序等。所以,我们可以互相学习。与传统媒体中的记者、新人之间的关系不同,这里的关系更重视互相尊重、平衡。②

这是年轻的新闻编辑部,许多年轻人在这里工作,(这里)比其他媒体,如纸媒等都年轻些。所以在互联网工作是一件

---

① 2012年9月8日,作者与法国"89街"网站专业记者皮埃尔·哈里基的谈话。
② 2012年9月8日,作者与法国"89街"网站专业记者帕斯卡·里奇的谈话。

令人兴奋的事。因此,5年后的今天,我们依然很"新"。①

"89街"的管理团队认为,当缺少经验的青年记者成为团队的主要成员时,新闻品质并不会受到过多影响。相反,深度互动关系可以促进青年记者经验的增加,并保证新闻品质不断提高。

2. 比利时新闻网站"阿帕奇"

虽然比利时网生新闻网站"阿帕奇"起步较晚,规模较小,但它们依然努力打造自己的团队,并将自己的目标设定为"能在未来成为民主政治参与的基石"。截至2013年,"阿帕奇"新闻编辑部中有主编3人、编辑7人、摄影师6人、插图负责人2人以及网站合作伙伴4个。为了扩大网站的影响,并促进法语区、弗拉芒区读者的双向交流及对彼此区域的了解,"阿帕奇"设立了双语频道,并安排专职记者负责在不同的语言环境中分享新闻报道。其网站首页如图5-3所示。

> 传统媒体与互联网媒体相似,但是这里更自由。我可以做一个有趣的比较。对我来说,思维方式有很大不同,我在那(传统媒体)工作时,压力很大,我们在一个有很多问题的系统中工作。传统媒体的工作者知道报道有很多问题,甚至他们可能在两周后失业。在这里我的工资少些,但是我在为我相信的事工作。我获得了很多自由,目前我是法语版的负责人。在这里,你可能赚钱不多,但你可以感觉到你是团

---

① 2012年9月6日,作者与法国"89街"网站专业记者露西尔·苏尔代的谈话。

队的一部分,希望我们的经营模式能成功。①

图 5-3 比利时新闻网站"阿帕奇"首页

3. 西班牙新闻网站"日记"

作为西班牙网生新闻网站和专业主义新闻实践探索的重要代表,"日记"的编辑部在逐年扩大。2013 年,"日记"实现了赢利,并制订了 2014 年编辑部扩展的新计划。目前,网站负责人和领导者 2 名,市场商业部门及行政人员 2 名,负责安达鲁西亚地区

---

① 2013 年 5 月 10 日,作者与比利时"阿帕奇"网站专业记者西尔万·马克尔的谈话。

的编辑 4 名，加泰罗尼亚地区的编辑 3 名，加利西亚地区的编辑 2 名，巴斯克地区的编辑 5 名，专业记者 15 名。另外，专业记者按照不同报道范围有详细分工，比如，政治议题记者 5 名、经济议题记者 3 名、社会议题记者 5 名、科技议题记者 7 名、文化议题记者 7 名、军事议题记者 2 名。另外，长期在评论方面合作的各领域专家和意见提供者 33 名、博客合作者 23 名。① 其网站主页如图 5-4 所示。

图 5-4 西班牙新闻网站"日记"首页

"日记"编辑部体现了典型的西班牙文化风格——热情、阳

---

① 具体报道领域划分及记者名单详见 http://www.eldiario.es/el_equipo/。

光，人们之间的关系融洽。相比"89街"与"阿帕奇"，"日记"的编辑部团队以25—35岁的记者为主，网站负责人也是经验丰富的青年记者。

总体说来，传统媒体组织的行政管理结构通常是自上而下的多级行政层级或以长期发展规划为纲领的管理与调控。由于许多传统媒体组织庞大，层级制度分明，新闻从业者受制程度较高。开拓新兴媒体市场后，传统媒体附属媒体的部门运行尽管相对提高了独立性，但在新闻发布时依旧需要逐级审批。与此相比，网生新闻网站的新闻编辑部的记者大多同时参与组织管理。由于其新闻生产流程被大幅简化，编辑部人数较少，且所有成员共同工作于相对开放的空间，记者与编辑、主编及技术人员的交流更为直接，彼此间行动透明，没有明显的层级关系。

在人力资源管理方面，由于传统媒体的薪资更有保障，其他成规模的媒介集团收益更为可观，其在人才引进方面具有明显优势。网生新闻网站虽然薪酬支付能力稍弱，但给初出茅庐的毕业生提供了更自由的发展空间与更多的锻炼机会。同时，网生新闻网站努力挖掘年轻记者的潜力，着重激发整个记者团队对新闻事业理念的追求，积极培养团队合作精神，坚持构建自身的组织文化。

二、网生新闻网站的编辑部环境

网生新闻网站一般采用开放式的新闻编辑部，以使整个新闻生产过程在对话、协商与公开的环境里完成。传统媒体的编辑部大多根据不同媒介划分为互联网、报纸及电视新闻等不同区域，或以新闻中心的设立为原点，集合所有其他部门的新闻资源。网生新闻网站则以互联网为最主要发布平台，缩小了投入规模，减少了分配重点，将新闻报道生产的具体过程逐一细化。

> 我们是小团队，我们都在为同一个任务努力，所以我们是集体工作。与大家一起工作非常好，专业记者也是开发者。如果我们在一起工作就会变得更便捷。（我们）与大媒体组织之间的差别是我们的层级已降至最少。如果我问老板，我是否可以做这个，他回答"可以"，我就可以实施。因为没有过多的阶层，所以我只需要说服一个人。如果你是记者，你也只需要说服两个人——主编和我，只有两层。这就使流程非常顺畅。早晨的一些事件，编辑在晚上就可以看到，修改然后发布。如果在（传统）媒体组织中，我需要在发布之前争得更多人的同意。但在数字时代，所有的事情都应该更快被发布。①

> 我们的规模不同。互联网媒体通常比传统媒体规模小，人员也比较少。但是你觉得更自由。我们有两个老板，但是在《国家报》时，我们有5—10个老板。例如，BBC也有很多领导。虽然在这里我们感到自由，但是也要经常向老板汇报。②

根据笔者的实地观察，他们在开放的编辑部里工作，所有新

---

① 2012年9月5日，作者与法国"89街"网站专业记者亚纳·热刚的谈话。
② 2013年8月29日，作者与西班牙"日记"网站专业记者奥托·里贝罗的谈话。

闻从业者与他人保持相对亲密但具有独立性的距离。记者们多表示在此环境中工作非常轻松，在议题的选择、报道方式、写作呈现等方面均可以独自掌控。为清楚展示其工作环境，本研究绘制了新闻编辑部平面图，如图5-5至图5-7所示：

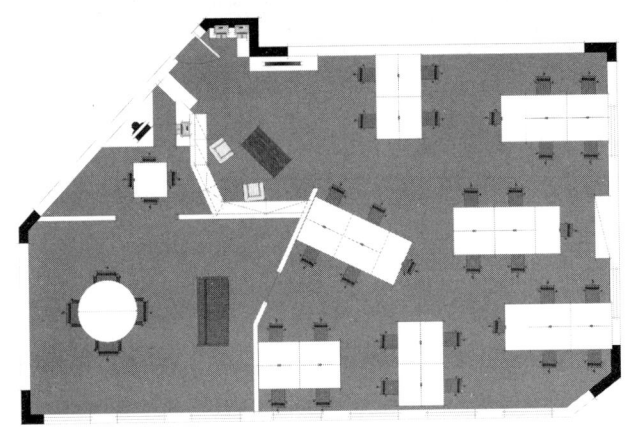

图5-5 "89街"新闻编辑部平面图

观察"89街"的编辑部结构，我们不难发现其编辑部主要分为四个功能区：媒体接待／展示区域、团队主要工作区域、迷你图书馆／会议区域与独立会议区域。各个小区域之间保持半封闭状态，而主要工作区域完全开放。每日清晨的例会都在接待区域进行，而下午的读者互动例会在迷你图书馆内举行。图书馆不仅为记者提供各种基础资料，还提供可用于采访的自由环境。

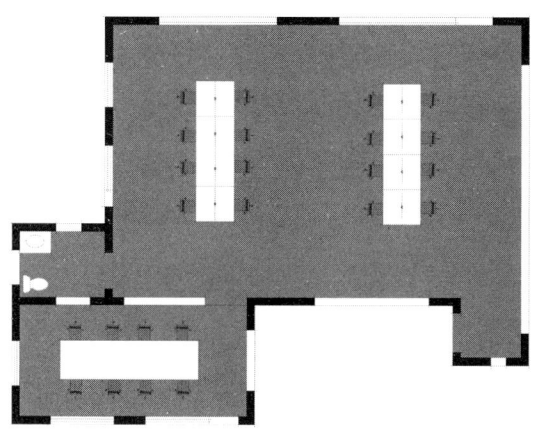

图 5-6 "日记"新闻编辑部平面图

笔者在"日记"调研时,编辑部团队准备于一个月后搬到一街之隔、面积为图中所示的两倍的新编辑部内。目前,他们的编辑部相对简单直观,主要分为工作区和会议区。记者平日的工作也在开放的空间内完成,协商、交流极为便捷。

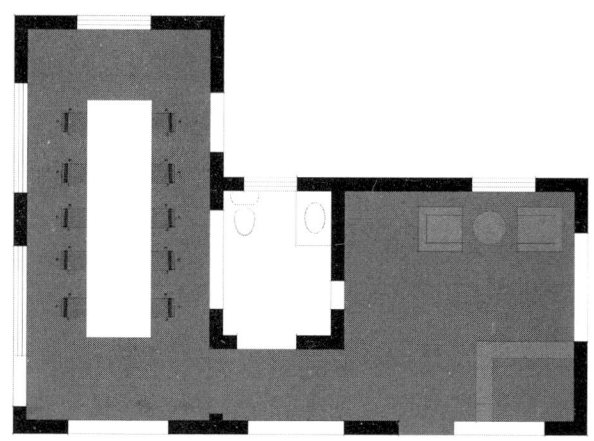

图 5-7 "阿帕奇"新闻编辑部平面图

根据笔者的实地调查，网生新闻网站的新闻从业者大多认为，网络媒体的新闻编辑部有更多的自由，阶层更少，新闻发布程序与渠道更简洁，工作环境令人愉快。

三、网生新闻网站的新闻资源与生产流程

新闻资源是指新闻媒体掌握的信息渠道、新闻资料等。网生新闻网站的新闻资源分为外部资源和内部资源，外部资源主要来自新闻线索提供者和发生的具体事件，内部资源来源于专业记者的独立选择和团队的集体判断。与传统媒体的选题会不同，网生新闻网站记者的自主权较大，同时由主要负责人配合完成新闻报道计划。

在信息时代，读者根据自我偏好选择性地接受了大量零散的信息，而网生新闻网站记者的主要工作是帮助读者完成对信息的跟踪及深度调查。另外，社交网络在提供新闻资源的同时，也为新闻内容的检验提供了方便快捷的渠道。以"89街"为例，其"政府官员职务监督项目"及"日记"项目的新闻线索的社交化都展示出互联网技术为新闻线索的搜集提供了更多可能。在"89街"下午召开的例会中，团队成员主要讨论如何对读者的评论进行系统和恰当的回复，以及如何积极回应每位提供重要线索的读者。

网生新闻网站的传播模式改变了传统专业记者主导的"把关"过程，而使新闻发布进入了公民参与的"守望"模式。在具体案例中，其新闻生产流程也与传统媒体有较大差异。以法国新

闻网站"89街"的日常工作流程为例：

8：30，网站两位主编到达编辑部，阅读报纸，浏览网页。

9：00，全部编辑、记者与技术工程师到达编辑部，整理资料，阅读新闻。

9：30，全体成员召开选题例会：记者根据之前收集的报刊、电视等新闻提出选题意见，编辑及主编进行讨论，确定主题并分工。编辑与图片师沟通选题和图片。

10：00，更新网站内容。

10：30，各自工作，跟进议题等。培训部人员到达编辑部。

12：30，召开全体编辑、记者会议，主要讨论读者及用户的评论、信件和反馈内容。

13：30，相继有记者离开编辑部，外出进行采访。

18：00，记者相继离开编辑部，但工作持续进行。

从以上详细的日程规划来看，"89街"的团队合作在其日常新闻采编工作中所占的比重较大。在两次集体编务会议中，专业记者、新闻编辑、网站技术负责人都共同商讨新闻报道的相关方案和可行性。

> 截止日期将会挑战你的工作效率。我会说人们在不同媒体花费的时间不同。在传统媒体中，截止日期意味着一切都随之结束。（在互联网平台）如果你认为报道品质达到要求，或者可以做得更好，你可以随时发布出去。但纸媒可能不会给你那么多你需要的时间。对于我们的严肃新闻，我们有足够的资源和事件来检验。通常，遇到严肃新闻，我们所做的

网生新闻网站与高品质报道

——来自欧洲的最新实践与经验

工作可能并不够,因此,许多人很难在互联网媒体组织自己的实践。在互联网时代,他们(记者)也需要一个截止日期。我有孩子,因此我需要早些离开编辑部,但我意识到(我在)团队中的责任,所以我6点离开办公室。许多人很晚离开是因为他们希望做得更好。如果我对我的报道不满意,我会继续修改(新闻报道)然后延迟发布。所以大家"做自己"非常重要。①

我认为主要区别是"数据"。你可以制作图片、音视频,你有更多的可能,你可以链接相关的资源。如果你是读者,你可以仅仅阅读标题和第一部分就了解(报道的)内容;你可以有不同层次的阅读,所以你可以达到你想要的深度。我认为这是(传统媒体和互联网的)区别。非常开心。②

最难的是忘记你的工作和关上电脑。因为我在10点结束工作回家,打开电脑查收电子邮件,阅读读者的评论,一直到第二天清晨。这像一种毒药,你对此上瘾。在纸媒,晚上8点,一切都会结束。你不需要在晚上10点依然还在思考。③

在本研究设计之初,笔者假定新闻记者在互联网媒体会有更多的自由,因此工作状态会相对轻松。但访谈结果显示,技术便捷带来更多可能,但也为记者带来了更多的工作压力。

在互联网时代,新闻生产面对的首要问题是如何在报道的速

---

① 2012年9月4日,作者与法国"89街"网站专业记者苏菲·韦内-卡亚的谈话。
② 2013年8月29日,作者与西班牙"日记"网站专业记者安德烈·吉尔的谈话。
③ 2012年9月5日,作者与法国"89街"网站专业记者弗朗索瓦·克鲁格的谈话。

度和报道的深度之间找到平衡。美国学者保罗·布拉德肖（Paul Bradshaw）通过对线上新闻生产的过程进行重新安排设计出的钻石模型（The News Diamond）①揭示了新闻生产的新步骤（图5-8）。根据保罗的描述，新闻生产将包括快讯、草稿、报道、分析、反思、背景、互动和定制七个部分。在新闻产生的第一时间，专业记者和编辑向注册用户发送更新信息，此时更偏重于新闻发布而不是新闻挖掘。

第二步是对快讯的进一步丰富，包括新闻事件涉及的人物姓名、地点和细节。此环节是为了吸引信息的接收者停留在信息发布平台。速度与深度的结合点则是传统新闻报道文章或简短的报道，因此在线新闻报道不能放弃传统式的新闻报道。

随后，借助多种超链接、内部及外部资源、专题新闻报道，新闻故事回归互联网。互联网的博客功能在报道发布后产生新的影响，即成为新闻报道后的分析、评论专题。同时，博客为大众的参与和讨论提供了公共场所。各种多元的互联网技术在新闻报道发布后继续发挥作用，通过技术和读者的双轨互动继续为新闻议题生产内容。

最后的生产过程则是自动将相关链接或新闻报道推送给订阅用户或读者，以便使其能继续跟踪新闻报道并作出评论和反馈。

---

① 引自 A Model for the 21st century newsroom: pt1-the news diamond. 来源：http://online-journalismblog.com/2007/09/17/a-model-for-the-21st-century-newsroom-pt1-the news-diamond。

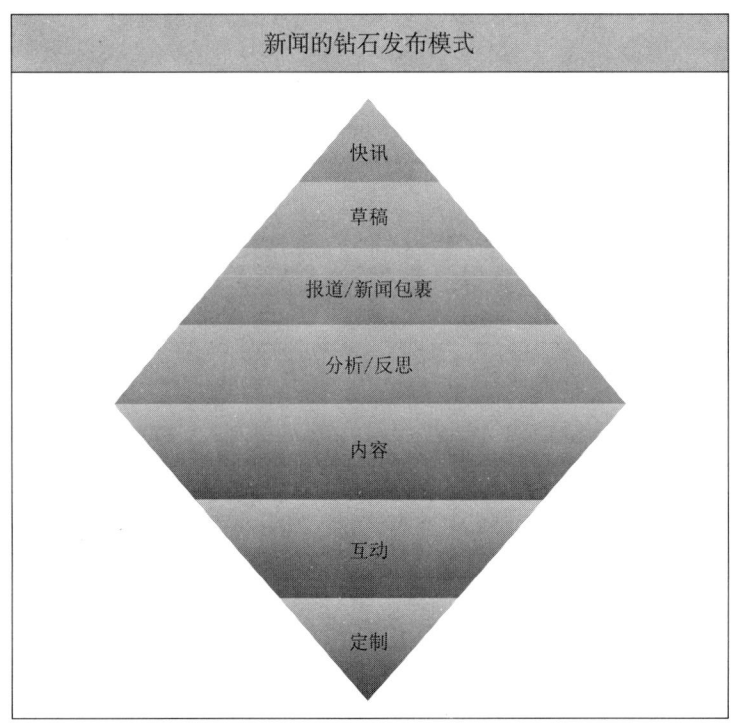

图 5-8 保罗·布拉德肖提出的新闻生产的钻石模式

第三节 网生新闻网站的理念创新

新闻理念是新闻从业者或新闻组织奉行的实践宗旨，它体现了不同新闻组织的目标、发展方向及行为准则。新闻专业主义是西方新闻理念的重要代表之一，它要求专业记者以公正客观的态度进行新闻报道。网生新闻网站在奉行新闻专业主义理念的基础上，以高品质新闻报道为目标进行多重探索。

一、网生新闻网站中的高品质新闻报道

尽管互联网具有传播速度快、多媒体融合等优势,但在美国"9·11"恐怖袭击发生之后,引领新闻报道的依旧是传统媒体。尽管用户用手机传送了照片和视频,但对此事件有组织、有策略地进行全面报道的依然是电视媒体。互联网对于突发事件的反应局限在了碎片化的信息提供上。(Allan,2006:57)在此种情况下,网生新闻网站以高品质新闻报道为宗旨进行新闻实践,但对新闻报道的品质的定义不同的网站有诸多不同的解读。

法国"89街"对高品质新闻报道的认定标准有如下几个要素:首先,新闻发布者和接收者共同参与,并在发布之后继续完善、修订报道;其次,以专业主义的精神确保事实的精准和背后的真相;再次,合适的呈现方式及优质的写作技巧也是高品质新闻的重要保障。"89街"主张其新闻报道内容由三个主体完成:经验丰富的记者与青年记者确保了大部分网站内容的生产,具有敏锐的新闻观察能力的、富有热情的和作为见证人的行业专家提供了独特的分析,网民自己参与"89街"的编辑工作,发表评论、提交文章、添加图片和视频链接等。

西班牙新闻网站"日记"则认为高品质的新闻报道应以批判性思维提供可信的、深度的报道,使读者成为自己的伙伴。西班牙政治系统复杂,各地区之间纷争不断。"日记"为使不同地区的读者了解整个西班牙各地区的新闻信息,在不同区域签订了合作条款,由不同地区的专业记者提供当地新闻以保证新闻的准确性

和多元性。同时,"日记"的网页上设立了简单的分类,读者能够以地区为模块自由选择区域报道。

比利时"阿帕奇"推崇不同区域的公民之间的相互理解,并在新闻议题的选择上与传统媒体有明显的差异。比利时的双语特性决定其新闻报道需以不同的语言呈现,而"阿帕奇"是首家同时设立荷法双语频道的新闻网站。尽管网站的新闻报道更新速度有限,但它坚持调查性新闻报道和专题报道,为荷语区和法语区提供了相互了解和互动的机会。

二、网生新闻网站对议程设置的反抗

议程设置理论是20世纪70年代美国学者提出的大众传播重要的社会功能和效果之一。1972年麦库姆斯和唐纳德肖在《大众媒介的议程设置功能》中提出此概念,意指媒介为公众设置了日常的议事日程,即媒体通过对某议题播报顺序和次数的设置来强化该议题在公众心目中和其日常生活中的重要程度。议程设置理论在"大众媒介对政治的影响"的研究框架中进行演变和更新。(麦库姆斯,2008:81—99)简而言之,议程设置指媒介的新闻报道与大众对社会公共事务的重要程度的认知之间有高度的联系,媒体对某议题宣传的频度越高,则该议程在公众头脑中的重要性越高。

在学界与业界,议程设置效果已经被广泛接受,但互联网等新兴媒体出现后,读者进行自由选择的空间变大,媒体提供重要公共话题的能力被削弱。在网络传播活跃的情况下,某些互联网议题可能"绑架"传统媒体的议题选择。媒体对公众进行的议程设置也是对社会现实重新建构的过程，它们通过选择、过滤来决定新闻议题的重要性，影响社会事件在公众心中的地位。同时，媒介的选择与报道框架也会直接影响公众获取信息的内容。例如，以2009年法国网站"89街"对"萨科齐及妻子投票"所做的新闻报道为例，从调查新闻线索到最终揭露政治丑闻，都体现了该网站的独特新闻选择视角。但在"89街"报道前，这则新闻却被与萨科齐私交甚好的媒体拒绝报道。由此可见，传统媒体受到来自诸多方面的压力和限制，可能对新闻事件进行报道，也可能选择过滤。

网生新闻网站拒绝传统媒体的议程设置，它们认为目前新闻报道内容同质化严重，需要重视许多媒体报道的盲点，为读者提供多元化的新闻选择。学者罗伯特·哈克特认为加拿大媒体有意回避了许多新闻议题，使原本应该出现在公共讨论空间内的议题消失了。他联合了一些专业记者和新闻传播学学者组建了（前文提及的）Blind Spot网站，并详细列出了应该出现的公共议题。网生新闻网站在建立之初与此有很多相似之处，这些专业记者希望通过自己的网站将自己认为具有新闻价值的但由于各种原因被规避的内容公布于众。在现代社会，人们在各个层面都获得了更多的选择，而在作出判断之前，需要强化型反思。为此，他们施行了如下策略。首先，网生新闻网站限定每日报道数量，以减轻记者的发稿负担，同时提高新闻品质。如"89街"采取每天不多于20篇的篇幅限制，以此保障新闻报道的品质。其次，网生新闻网站采取过滤传统媒体的重要议程的方式，选择更广泛的议题。三家网站的记者的首要工作是阅读大量报纸，收集（浏览）媒体信息，选择差异性报道。如果当日有突发事件、特殊话题，记者们会做小幅报道并推荐他们认为更出色的报道的链接。再次，跟踪读者提供的新闻信息，既确保读者对于新闻信息的兴趣，又保证切实报道民众真正关心的话题。

> 每天清晨，我们问自己选题是否合适。在传统媒体中，我们会讨论对这个事件我们可以讨论的内容；而在"89街"，我们考虑的是，对于这个事件我们可以说出什么新的观点。如果我们写不出，我们就不做报道，因为读者并不期待阅读这样的报道。我们的团队很小，而《世界报》可能有300名记者。我们无法与他们相比。因此，我们需要带来不同的报道。也许是不同的角度，也许是不同的写作风格，在互联网上（做报道）很有趣。①

网生新闻网站的记者寻求数字时代最本源、纯粹的新闻。网生新闻网站在新闻议题的选择上反对传统媒体的议程设置，即避免与传统媒体的内容同质化。如遇到重大事件，例如重大自然灾害等议题时，通常缩小报道篇幅或采用不同角度进行报道。记者每天通过阅读大量传统媒体新闻，结合读者关注话题，在新闻编辑部的选题会上讨论，最终确定报道议题。

---

① 2012年9月5日，作者与法国"89街"网站专业记者弗朗索瓦·克鲁格的谈话。

> 我们的重要目标是提供出色的报道。我们试图平衡读者与记者的关系，我们试图发布高品质的文章，编辑的过程等同于优化。①

> 这是一个悖论。我们报道经济议题，在法国我们有很多经济报纸。当我看到重要议题时，最好的办法是从原创角度来做报道。②

网生新闻网站通过专业记者的原创报道，给读者提供更多元化的新闻报道。在脱离了商业和政治影响的情况下，对所有种类的新闻都可以主动报道，并将传统媒体回避的话题和新闻内容呈现给读者。在新闻信息裂变传播的当下，差异化的新闻议题和高品质的新闻报道过滤了网络中的谣言和垃圾，同时拒绝了传统媒体设置的新闻议题。

当新闻事件发生后，运用搜索引擎进行关键字搜索通常是我们阅读新闻的第一步。而大多数情况是读者借助互联网技术，在搜索引擎中检索简单的问题和资料。因此作为新闻资源整合主体的搜索引擎在新闻的传播、读者的选择中扮演着重要的角色。以欧洲常用的搜索引擎"谷歌"（Google）为例，它利用机器人对输入字段进行自动搜索和配对。谷歌新闻搜索声称其搜索规则主要参考新闻来源的品质，这其中包括新闻的文章长度、新闻的覆盖率、突发新闻的比例、来源的流量、写作方式、国外的流量等。在由国外搜索引擎优化界高手参与的，以投票方式评论谷歌的 200 个重要因素的排

---

① 2012 年 9 月 7 日，作者与法国"89 街"网站专业记者达米内·西罗托的谈话。
② 2012 年 9 月 7 日，作者与法国"89 街"网站专业记者埃尔莎·费内的谈话。

名中，前五位依次是：关键词在网站上的使用、外部链接的锚文字、网站的外部链接流行度和广泛度、域名年龄及网站内部链接结构。[①] 许多新闻网站根据谷歌的搜索关键词撰写、修改、发布新闻，这被称为搜索引擎优化的新闻生产模式。以《赫芬顿邮报》为例，网站根据点击链接可以增加点击率，进而增加商业收入的策略，在社交网络等区域的新闻链接中使用耸人听闻的、感官化的关键字和词语以增加阅读量，这与它奉行的"做一份巨大的网络报刊"和提倡"高品质的新闻博客"的理念相去甚远。此种做法会造成新闻议题的趋同，而其报道将沦为传统媒体新闻议题的翻版和注意力经济的例证。

与此相较，"89街""日记"与"阿帕奇"等网生新闻网站提倡的高品质新闻报道则反对利用搜索引擎制造点击率和关注度。它们潜心于盲点议题，对其进行深入调查，以专题报道、深度报道等方式完成故事。这些网站旨在提供更全面的新闻报道和原创的议题设置，放弃了根据搜索引擎制定新闻标题及内容的商业主义策略。

表5-1　2013年9月9日法国"89街"与"世界报"首页报道及社交网络报道比较

	89街	世界报	89街（脸谱网）	世界报（脸谱网）
1	谁在努力让更多的女人进先贤祠？	法官偷听《世界报》记者电话	政治倾向在社交网站上影响不大	美国国防部正准备针对叙利亚的三天行动
2	政治倾向在社交网站上影响不大	Peillon展示其"世俗主义宪章"	同薪酬，无领导：在佩尼切，自我监管才是王道	太平洋海底发现世界最大火山

---

① 相关信息请参考http://blog.sina.com.cn/s/blog_676ab3520100nsuf.html。

第五章 专业化新闻报道：网生新闻网站的生存空间

续表

	89街	世界报	89街（脸谱网）	世界报（脸谱网）
3	别错过 Ron Mueck 的雕塑！	被叙扣押记者今释放：革命差点背叛我	又一《世界报》记者被监听	反同性恋婚姻人士举行反干涉叙利亚游行
4	"强奸"技巧	日本盼奥运能结束其15年的经济停滞	谁在努力让更多的女人进先贤祠？	G20峰会各国领导产生分歧
5	法国内政部：罢工在法国很流行	沙特的冠状病毒足迹	澳大利亚新任首相：观念狭隘的性别歧视者	宫崎骏并没有完全退出电影行业
6	又一《世界报》记者被监听	陨石划过墨西哥天空	从纪录片《费曼的真实故事》中我们能学到什么	Daft Punk 的 Get Lucky 是原作还是抄袭？
7	养老金：又一项开支	巴黎旺多姆广场附近发生持枪抢劫	政治倾向在社交网站上影响不大	马赛：周四杀人案后举行圆桌会议商议治安
8	电影 Ilo Ilo：经济危机影响下的新加坡叛逆小孩	两分钟内了解福岛情况		Jean-Marc Morandini：黄金时间的受害者
9	人民运动联盟：纳税人要在"萨科齐募捐"活动上花多少钱？	法国社会党公开批评人民运动联盟主席费永的反悔		Visa pour l'Image 摄影展：5场演出可供欣赏
10	同薪酬，无领导：在佩尼切，自我监管才是王道	Michel Sapin：提高工资已经迫在眉睫		社区如何让孩子们适应学校节奏

表5-2 2013年9月17日比利时"阿帕奇"与"晚报"首页报道及社交网络报道比较

	阿帕奇	晚报	阿帕奇（脸谱网）	晚报（脸谱网）
1	我们10月初回来，来 Apache.be 享受一个美好的印度之夏吧	王室访问蒙斯期间处悬挂"共和国万岁"及瓦隆区旗帜	我们10月初回来，来 Apache.be 享受一个美好的印度之夏吧	Scorsese 将推出系列片纪念雷奥普多二世
2	一个任期内很难实现比利时的城市化计划	GSM 天线征税违法	一个任期内很难实现比利时的城市化计划	比利时平板电脑和智能手机销量增长三倍
3	Bart De Wever：安特卫普、大麻和压抑	安德莱赫特失足 Benfica，无缘欧洲赛事	Bart De Wever：安特卫普、大麻和压抑	王室访问蒙斯期间处悬挂"共和国万岁"及瓦隆区旗帜
4	安德烈·库尔在 Tecteo 公司犯 Stéphane Moreau 的老错误	普京如何成为石油之王	安德烈·库尔在 Tecteo 公司犯 Stéphane Moreau 的老错误	歌诗达协和号整个"站起"过程超速完成

续表

	阿帕奇	晚报	阿帕奇（脸谱网）	晚报（脸谱网）
5	有线运营商Tecteo：媒体和法律空档的玩弄者	Scorsese将推出系列片，纪念雷奥纳多二世	有线运营商Tecteo：媒体和法律空档的玩弄者	歌诗达协和号成功"站起"
6	阿帕奇高价购买雷诺车库一事：必有政治牵连	数百名阿富汗人举行示威游行	阿帕奇高价购买雷诺车库一事：必有政治牵连	阿尔伯特和菲利普亲王的照片被用于社交网络
7	塞篮（Seraing）超级污染源炼焦厂的转卖：要工作还是要健康？	Tecteo官网遭黑客入侵	塞篮（Seraing）超级污染源炼焦厂的转卖：要工作还是要健康？	支持尼斯珠宝商的脸书页面：虚假篡改还是社会现象？
8	阿帕奇独家调查：脐带血的冷冻保存和交易	比利时发行新的两欧元硬币，纪念皇家气象学会成立100周年	阿帕奇独家调查：脐带血的冷冻保存和交易	禁令称叙利亚化学武器为战争罪行
9	比利时报刊业数字化转型：补贴无数仍旧失败	比利时电信运营商Belgacom被美国国家安全局监视：真相大白，仍需数年	比利时报刊业数字化转型：补贴无数仍旧失败	台风袭击日本威胁到福岛
10	棱镜计划：由文件和数据左右局面是政治的衰退	比利时平板电脑和智能手机销量增长三倍	棱镜计划：由文件和数据左右局面是政治的衰退	本周将以寒冷天气开始

表5-3　2013年9月25日西班牙"日记"与"国家报"首页报道及社交网络报道比较

	日记	国家报	日记（脸谱网）	国家报（脸谱网）
1	国王将在8周内返回手术室	国王必须在两个月内再次接受臀部的手术	如果将"双方都犯下了暴行"的讨论诉诸"双方都有责任"这种托辞，那么就忽略了内战对一个民主政府的打击及其应负的责任。——奥尔加·罗德里格斯	最新消息：圣地亚哥死亡女孩的父亲也已经被证实死亡。女孩的母亲由于证词矛盾于昨晚被捕
2	在进行国王手术的医院大门处起火	五个世纪的发现——一个不是那么"太平洋"的大洋	去年，IBEX35董事的平均工资增加了7.6%，缩紧的部分是按子区块分布的。——伊格纳西奥·埃斯科拉尔	内罗毕一建筑物被恐怖分子劫持的事件以屠杀结束。肯尼亚宣布5名伊斯兰主义者被击毙，其他11名被抓获，共计72人死亡。我方特约记者安吉拉·埃斯皮诺萨报道

第五章　专业化新闻报道：网生新闻网站的生存空间

续表

	日记	国家报	日记（脸谱网）	国家报（脸谱网）
3	西班牙人民党将通过各种手段来阻止关于"拉霍伊谎言"的讨论	拉霍伊认为没有理由来调节阿斯图里亚王储的地位	"我党允许向国会提交更多的候选人。但有些人会说这样做也许并不是正确的选择。"	克里斯蒂娜·费尔南多斯呼吁伊朗加快的进程。调查AMIA轰炸
4	伊比利亚航空的新址正在商讨中，将于11月份落实一项具有可行性的计划	在圣地亚哥发现的死亡女孩的父亲也已经死亡	没人在国会为"国王被取消资格"这件事发声	中国想要控制委内瑞拉经济
5	巴聂思建议将收入录入系统，以便于增加养老金	母亲的矛盾导致其被捕	萨苏埃拉宣布通过短信的方式进行医生的听证会一事将待定	泰德·克鲁斯的重要夜晚
6	反腐败不应该仅仅依靠立法手段	西班牙工人社会党对西班牙人民党说："别想阻止我们说拉霍伊在说谎。"	纪录片《梦之国》还原了1976年3月3日维多利亚的受害者的记忆	在正义与和平二者中间两难的哥伦比亚
7	如果蒙托罗没有解决办法的话，归国移民将把他们的问题反馈到欧盟	该区域内和区域外的野兽	视频：一名男子由于在索菲亚王后到达时裸体呼喊而被逮捕	出售卡拉什尼科夫·某私人投资者将以约3亿欧元的价格收购俄罗斯某国企，该企业生产俄罗斯49%的AK-47
8	加泰罗尼亚民众希望治理一下大麻俱乐部	我不希望知道西班牙存在反美国主义	视频：多名左翼议员离开会议厅	弗格森折磨穆里尼奥的一天。以下是这本书的第一章"做好失败的准备"，作者是迭戈·托雷斯，专门负责写皇家马德里的记者
9	数字化时代记者们与权力集团的抗衡：黑斯廷斯和米兰达事件	巴基斯坦强烈地震导致250人死亡	拉霍伊预测2014年GDP将从0.5%增长到0.7%	阿托查浴场将变为付费形式。ADIF对公用厕所的这种管理改革据称是为了"改善服务品质"。你如何看待公共服务需要付费的情况？

续表

	日记	国家报	日记（脸谱网）	国家报（脸谱网）
10	已完结的任务：87天徒步，入驻布鲁塞尔的跋涉	肯尼亚为袭击中的牺牲者表示哀悼，并担心出现更多的伤亡	欧盟七个拥有SMI的国家人均工资均高于西班牙	女性在新闻舆论里可以发声吗？直到70年代，媒体仍然拒绝录用女工，也包括美国。你觉得现在我们比过去进步了多少？

三、"网生新闻网站"的批判意识

"日记"的负责人胡安认为，目前的西班牙媒体中的新闻内容具有碎片化和娱乐化特征，因此，它们需要更激进的新闻报道与此抗衡，即批判视角的新闻报道。当传统媒体与其他利益集团合作或与某政党过从甚密时，它们的报道就更保守，即以维护某种现存秩序或惯例为主要目的。这种情况导致了它们的新闻报道偏向无关紧要或是娱乐性，将读者置于公共事务之外。被娱乐化的新闻往往具有更强的猎奇性，这是追求商业利益的结果，也是对受众本位作出的妥协。娱乐化新闻报道在固定的新闻时间内，在引导公共话语的内容和意义时，降低了大众对政治、经济等公共事务的关注，腐蚀了受众的独立思考能力，会对民主政治产生不利影响。激进的态度促使记者们更关注与权利更加接近的议题，甚至在某些微小的娱乐新闻中挖掘背后的真相（这也证明了它们对新闻品质的评判与新闻的类型无关，而是关注新闻内容与公共事务的相关程度）。互联网和移动数字终端的发展为跟踪新闻线索、挖掘信息资源提供了技术支持。网生新闻网站专业记者激进的新闻理想是主张以批判、反思精神分析社会问题，事实上，他们的新闻报道也促使公众团体和公共利益团体开展更多的活动。

"89街"的记者则认为他们应该承担起监督政府的责任，观察社会中的问题，并积极地提出建议。同时，在新闻报道中发展公共讨论，最终能真正影响政府决策，使新闻成为社会发展的守望者。网生新闻网站专业记者的独立性使他们可以在面对政治丑闻和进行信息采集时无所顾忌，从而更自主地进行报道。"阿帕奇"则希望通过两种不同的语言同时向两个生活区域提供更多的公共事务报道（它指出了比利时法语区与荷兰语区居民之间的漠不关心和彼此报道的缺位）。

四、网生新闻网站的跨媒体集成报道

网生新闻网站的诞生依赖于互联网技术的发展，但在媒介技术不断推陈出新的数字化时代，它们无法避免地与其他媒介进行融合实验，其中有成功案例，更有失败的教训。例如，西班牙网生新闻网站"日记"每季度出版的杂志是其网络新闻发布在纸媒领域的延伸，这本杂志弥补了互联网新闻报道快速消失的缺点，试图使读者感受到自己是网站的合作者。再如，法国网站"89街"与《新观察家》的合作实践使其自身的"宣言"受到了一定程度的质疑。

法国网站"89街"与传统媒体《新观察家》的合作在网站成立初期已经开始：

因为今年（法国）将举办奥运会和欧洲杯，所以我们有

一个特殊项目。这是一次实验，与《新观察家》的初次合作，由他们提供资金。我们意识到体育报道对我们两家媒体都是薄弱环节，但是线上体育报道非常重要，所以我们准备成立一个实力雄厚的团队。报道将会在两家媒体共同发布。这次合作将是双方（正式）合作之前的一次尝试。①

被《新观察家》收购后，"89街"的新闻实践进入新的时代。多数专业记者在访谈中表示：

最开始，我们很担心，但（目前看来）没有任何改变。解决资金问题后，我们确实感觉更轻松。在过渡期，老板肩负了太多的压力，我们无法承受（这些压力）。我们的工资也不高。事实上，现在确实没什么改变，可能因为我们是法国首个网生新闻网站。所以也许他们（《新观察家》）改变了他们的形象。②

对此，笔者在采访中多次提问，"如果两家媒体的融合没有任何改变，为什么《新观察家》要与'89街'合作？""89街"的创立者之一的皮埃尔从商业角度和文化角度回答了这个疑问：

有两个原因，一是互联网，即广告依赖于网站。（网站）规模越大，你获得的广告规模越大。每个月，你可以根据不

---

① 2012年9月8日，作者与法国"89街"网站专业记者皮埃尔·哈里基的谈话。
② 2012年9月6日，作者与法国"89街"网站专业记者露西尔·苏尔代的谈话。

同策略看到不同种类的广告。你可以看到700万访问量或800万访问量,你可以接触更大的广告世界。在法国有两个集团占领广告市场,即《费加罗》和《世界报》。与《新观察家》合作后,我们会成为第三大广告集团。在媒体发展的特殊阶段,我们面临危机,所以这是我们和他们合作的第一个原因。另外一个原因是,《新观察家》是一个纸质文化的传统集团。所以创造新的网站不是坏主意,同时,他们希望在组织内部推行数字文化。因此,他们也希望我们可以帮助他们将薄弱的纸媒传统变为动态的数字文化。[①]

此次合作的结果还未清晰显现,笔者需要在后续的研究中继续观察。但是,此种基于商业驱动的融合是否会给"89街"媒体的独立性带来冲击,答案应是肯定的。

---

① 2012年9月8日,作者与法国"89街"网站专业记者皮埃尔·哈里基的谈话。

第六章　辫子式新闻报道：网生新闻网站的公共话语共建

在新闻生产过程中，网生新闻网站在不断探索中逐步组建了符合媒体定位、具有专业精神、为实现新闻媒体理想而努力的新闻实践者团队。与记者独创新闻的传统媒体、多元创作主体的另类网站都不同，网生新闻网站的采编团队由新闻记者、各行业专家与公民共同构成。美国资深记者谢尔·以色列（Shel Israel）认为，传统媒体新闻生产模式中的专业记者独自进行的新闻采写，抑或是公民新闻，都不能满足当下读者、社会对新闻的要求。在信息与传播新技术迅速发展的当下，只有编辫子式的三股力量的结合，才能重建新闻阅读者与新闻从业者，特别是与专业记者之间的关系。（以色列，2010：109）这正符合网生新闻网站创立的主旨和其媒体特色。以"89街"为例，它提出的专业记者、公民与专家合作的三种声音与辫子式新闻的内涵不谋而合。（Aubert, 2008）这种理念改变了读者在新闻获取与深度阅读中的被动地位，使其加入新闻生产中的共享新闻资源、参与验证信息、发表评论观点和补充修正错误等各个环节。本章将讨论网生新闻网站新闻实践者在新闻生产流程、组织结构中的特质、作用及影响。

第一节 新兴媒体新闻生产的"守望者"

回溯新闻传播活动的专业化历程，邮递员、信使或记事员被认为是最早的新闻工作者。资产阶级革命时期，一批资产家开始利用媒介制造舆论，通过发布宣言、评论、广告等形式宣传民主思想或其政治观点，此时的报纸充斥着政论性文章及评论。经商业化历程以后，大众报纸及商业性报纸开始普及。随着大众对信息的需求量日益增加，新闻事业得到了巨大的发展，广播、电视等媒介相继出现，行业内部分工更为细致，极大地丰富了新闻工作者的工作内容和工作方式。经过历史的发展，新闻传播活动逐渐成为社会领域中的一项重要事业。新闻传播实践活动的专业化主要有四个标志：首先，以媒介及其特有的方式进行新闻信息的采集活动，开始出现专业化的传播机构和专门化的从业人员；其次，新闻传播活动持续进行，规模在不断扩大；再次，已经存在新闻采集、发布等所需的特定工具；最后，已经有一定范围的读者或受众群，有特定的市场。新闻从业者的专业主义理念在实践中不断被冲击，其发展是自我修正、螺旋上升的过程。

20世纪互联网出现后，专职于互联网的记者出现，报道范围扩大，专业化程度越来越高。目前，几乎所有的新闻网站都是全球新闻生产的参与者，它们以多样化的数字媒体提供最快捷的热点资讯，掌控着新闻信息发布的先机。同时，越来越多的谣言、虚假新闻、娱乐化新闻出现在新媒介平台上。20世纪50年代莱昂纳多·怀特（Leonard D.White）的"把关人"（gatekeeper）研究揭示了新闻从业者在信息处理中所受到的种种影响。而批判学派、政治经济学派等研究则从不同维度阐释了新闻从业者赖以生存的大众媒介与社会政治、经济、文化之间的复杂关系。（塔齐曼，2008：156）在新闻与其外部利益之间应有一道坚韧的防线，它在媒介技术与新闻内核之间画出一个坐标，试图将新闻置于技术发展道路的正中央。网生新闻网站的记者正试图建立这样的防线，将专业新闻独立于数字化时代浪潮带来的压力之外。

一、网生新闻网站采编人员的职业特征

相比传统媒体，网生新闻网站的新闻工作者与社区的联系更为密切。为避免自己的新闻选题和其他大众媒体相似，网生新闻网站更加突出本地化、社区的、边缘群体的报道，它根据读者提供的新闻线索、记者自己的调查及分析，以反思社会问题及政府政策为主旨进行新闻报道，为网生新闻网站工作的专业记者提供更多的与社区相关议题更接近、与社区公民沟通的机会。另外，网生新闻网站记者具有如下特征：

首先，网生新闻网站的新闻工作者趋于年轻化。网生新闻网站正处于发展初期，且薪酬较低，只能招收经验并不丰富的大学毕业生。这些经验并不丰富的记者希望获得自主选题的机会，得到更艰苦的锻炼和更多的与政要、社会名流接触的机会。以法国为例，相关数据显示法国传统媒体的专业记者的平均年龄为

35—40 岁，而在网生新闻网站工作的记者平均为 25—30 岁。

其次，网生新闻网站的新闻工作者工作强度更大、创造性更强。网生新闻网站的工作时间有别于传统纸质、广播或电视媒体，对网生新闻网站来说，没有明确的截稿时间，这一方面给予了专业记者更多协调和工作的时间，但另一方面为自我要求较高的专业记者带来了更大的压力。这些记者执着于反复修改自己的新闻作品，以求完成高品质的作品。

最后，网生新闻网站的新闻工作者需要具备大数据分析能力和多媒体操作能力。截至 2012 年底，全球数据总量达到 2.7ZB[①]，预计到 2015 年将达到 8ZB。由此，我们亲身感受到已经进入大数据时代。[②] 值得注意的是，大数据为人们提供了更多的信息选择和分析结果，同时也带来了信息把控的缺失，为寻求高品质新闻报道的媒体带来了新的挑战。在互联网无处不在、无孔不入的今天，如何在数据海洋中找到自己需要的信息已成为一项必备的技能。因此，在网生新闻网站工作的专业记者需要在这种挑战中挖掘新闻线索，分析数据背后的细节和深层内涵。

以网生新闻网站"巴黎人"（www.leparisien.fr）为例，它于 1998 年上线，两年后开始为网站生产具体内容。但较短时间后，网站就解除了与 23 名记者中的 11 人的合作关系，最终保持由一个小技术团队上传网站全部内容。2007 年网站再次提出新项

[①] 计算机单位中 1ZB 等于 1 万亿 GB（千兆字节）。
[②] 数据体现出的体量巨大（Volume）、数据类型多样（Variety）、价值大但密度低（Value）以及处理速度快（Velocity），http://news.sciencenet.cn/sbhtmlnews/2012/11/265225.shtm?id=265225。

目，并成立了一个专门的团队。与多数网生新闻网站一样，它拥有更开放的新闻制作空间，以此融入纸媒中的部分重要内容。网站报道的写作主体是专业记者及报纸编辑。"巴黎人"的团队中共有30人，其中半数为记者，另有6人的技术团队和6人的营销团队。他们优先考虑和编辑在线内容，在工作协调中由现代化设备上传所有新闻内容，工作流程简单。此外，记者的新闻实践是新闻网站的基础，而不是一个约束框架。本研究的案例"89街"也有相似的发展历程。

网生新闻网站本身区别于其他传统媒体，特别是与传统纸质媒体相异，但其在新闻生产过程中所涉及的信息与传统媒体密切相关。因为新闻本身就是一种信息共享，其中自由撰稿人、各领域的专家也是新闻内容的外部提供者。网生新闻网站的新闻编辑负责编辑内容、网络排版等，比记者有更多的自由。技术部门则包括技术人员、平面设计师（负责多媒体）、摄影师（图片选择）。传统新闻网站的技术支持多依赖于托管或转包给其他公司或团队，而网生新闻网站多依靠自己的合作团队，并以此作为增加收入的多样化尝试之一。

二、新闻专业主义在网络新闻报道中的意义

新闻专业主义（journalistic professionalism）是西方新闻工作者恪守的职业准则。人们对新闻实践本身的探索从未停止，对其内涵理解也在不断改变。一般认为，新闻专业主义的核心理念主要包括客观与独立。塔齐曼认为真正的新闻专业主义于19世纪

90年代便已出现，媒介专业主义是新闻内部组织结构的一种行为模式。1903年，普利策（Pulitzer）向哥伦比亚大学捐款，建立新闻系；五年后，密苏里新闻学院的成立标志着新闻学正式成为一个被系统讲授的学科，也意味着新闻实践的职业化已经被广泛认可。第二次世界大战时期，芝加哥大学校长罗伯特·梅纳德·哈钦斯（Robert Maynard Hutchins）主编的《一个自由和负责的报业》吹响了媒介专业主义的号角。而后，美国《第一修正案》的颁布为美国记者的新闻实践提供了法律依据。

新闻专业主义精神是记者的自我规范，它包含了记者对自身职业的认知，并将其以一种社会惯例的形式表现出来。而这种社会惯例本身，是由记者在多年的新闻实践活动中综合不断的自我构建，对他人新闻活动的阐释和理解，对行业内相关标准的认可而最终形成的一套整体认知。这种认识在与自我、同行的对话，以及与读者对话中，建立了沟通交流的网络。而随着信息技术的不断发展，对话机制在不同的媒介平台中持续进步，从纸媒慢速的、自上而下的反馈与解释发展到互联网平台的迅速互动和信息发布，并在移动数字终端进一步发展。在信息化的发展中，记者也不断对新闻在不同时期、不同平台、不同形式中遇到的各种矛盾和危机进行自我反思。

历经多年发展，新闻专业主义的内涵在西方已成为记者普遍恪守的职业规范。由于新闻专业主义在商业主义的条件下被提出，它也不可避免地具有理想主义的色彩。根据其主旨，记者需要在任何情况下都保持独立，不受到任何组织、机构、个人的影响，这体现了新闻专业主义的反权威内涵。因此，对网生新闻网站的研究历程也是理解专业主义建构、演变和剖析高品质新闻报道内涵的过程。

（一）新闻专业主义的学理性解读与新闻实践

新闻专业主义强调新闻从业者的道德自律、专业性操守和所谓自由客观的独立性。专业组织拥有更新成员和确定工作标准的集体控制权，因此，自律是一种微型社会契约（mini-social contract）。新闻专业主义所受到的来自外界的必要制约是以中产阶级为主体的主流社会的价值观念。新闻专业主义与大多数专业主义精神一样，可以被理解成社会中一般成员所共有的信仰和情感。这些信仰与情感因形成一种确定的系统而有自己的生命，是一种集体意识（collective consciousness；Emile Durkheim，1984：38—39）。布尔迪厄（Bourdieu）的场域理论揭示了新闻生产的环境影响。场域作为一种相对自主的社会空间是有结构的。场域中存在冲突的力量并存，而且构成众多不平等关系。这些力量并非静止的，而是处在不停歇的争斗中，而权力是一种关系，它既是一种互动的网络、一种复杂的场力结构，又是一种非中心化的结构。权力具有双重性质，其运作方式也具有隐秘性。（布尔迪厄，2006：58—101）

新闻从业人员在传统的新闻场域里，有服从和遵守上级的无意识。传统媒体的编辑部就如同一个小社会，存在层级管理、制度性约束等社会化制度。而在网生新闻网站中，这种阶级感减退。在开放的新闻编辑部里，每个记者只要说服少数编辑和主编就可以迅速发布自己的新闻报道。在新闻场域外存在着商业化的价值冲突，有新闻生产要遵守的市场逻辑，也有要面对的不同的政治压力。

另一方面，新闻专业主义的要素具体包含以下几个方面：首先，传媒作为社会的公器，新闻工作必须服务于公众利益，而不是仅服务于任何政治或经济利益集团；其次，新闻从业者是社会的观察者、事实的报道者，而不是某利益集团的宣传员；再次，他们是信息流通的把关人，而非政治、经济利益冲突的参与者或鼓动者，报道的采纳基准应是以中产阶级为主体的主流社会的价值观念；再其次，他们以实证科学的理性标准评判事实的真伪，服从于事实的客观性，服从于事实这一最高权威，而不是臣服于任何政治权力或经济势力；最后，他们受制于建立在上述原则之上的专业规范，接受专业社区的自律，而不接受在此之外的任何权力或权威的控制。（陆晔、潘忠党，2002：71）

目前，在媒介行业中，基本道德规范是媒介应该充当公共利益的"看门狗"，而非其他组织或机构的"代言人"。媒介应该起到监督作用，将一切不利于公众的消息、丑闻揭示给民众。这要求新闻从业者作为把关人帮助民众审视社会，同时帮助他们判断和分析某个事件是否符合大众的要求。那么，决定新闻选择与新闻价值的首要因素应是与公共利益的相关程度。

> 从我记事时起，我就梦想能成为一名记者。这是一个伟大的工作，你可以告诉人们正在发生的事情，你可以寻找新闻、写报道，你的读者将会为你鼓掌。如果你想要访问某些人，你可以决定你想做的事。诚实地说，当我毕业时我希望

在大媒体工作。传统媒体,例如《国家报》,它们需要高品质的记者,但是非常难(进入)。你可能认为传统媒体有更多可能,但是你会发现在传统媒体做新闻有很多困难。我们需要保持信心,然后做出反应。你需要从银行、广告等资本中独立。所以,独立非常重要。[①]

(二)作为职业的新闻实践

在数字化和网络化的今天,任何人都可以发布关于任何事件的信息,专业记者的新闻资源已不是他们的专属,公民新闻的出现令新闻业对自身长年的自上而下的态度和意识进行了反思。然而作为一种了解世界的工具,新闻实践需要依靠个人的知识建构和方法积累。[②] 数字时代出现的多媒体平台完美地展现了用户生成内容(Users Generate Content),对传统新闻从业人员主导的实践方针予以重挫。同时,用户生成内容在新闻的多样化、信息验证等许多方面也起到了推动作用。

相比公民记者,专业记者应遵守的规范约束之一是其报道的新闻须经核实。新闻的核实基于专业记者受到的专业技术培训及知识积累,即新闻敏感、采访技巧、数据分析及处理能力。在许多突发事件中,掌握现代传播工具的公民以目击者的身份及证词的方式对新闻事件进行描述和表达,而这种报道方式是基于公民自身的社会背景、教育程度及利益需求的,是一部分事实和经历。

[①] 2013年8月29日,作者与西班牙"日记"网站专业记者奥托·里贝罗的谈话。
[②] 原文为"A process of differentiation and specialization: jurisdiction. Objective: social recognition, exclusivity. Tools: privative knowledge and methods."

对专业记者来说，这是其报道新闻的线索或证据，他还需要从其他不同角度对其他参与人等进行调查和核实。虽然目前大多数国家没有具体的新闻法案限制媒介行为，但依然有自律的标准及某种社会契约的限制。而在新闻生产过程中，信息的系统性生产具有可靠性（reliability），与此同时，专业记者经过多年的专业技术培训，对新闻写作、新闻调查具有更精准的选择和把握。

> 我认为记者是否出色与互联网技术无关。昨天与今天的高品质新闻报道的标准也没有改变。改变的是意识。过去，专业记者是傲慢的精英，特别是法国记者。专业记者认为自己高高在上，对于从上至下的传统模式非常满意。你是报纸记者，你可以让读者喜欢你的报道，但他们无话可说。互联网打破了这种传统，它强迫专业记者平视读者。所以你需要与你的读者站在同一位置，因为你的读者也可以表达他们的观点。并不是每个人都可以做记者，但每个人都可以发声。所以许多记者拒绝这种改变，拒绝在社会中的（新）位置。今天，出色的新闻报道应该与昨天一样，意味着好奇心、验证与批判。同时，参与到读者中同样是记者工作的一部分。如果你拒绝，你就过时了，你会变成"恐龙"，这意味着你将会在时间流逝中渐渐死去。①

专业记者具有法律、社会制度及社会惯例认可的权利和义

---

① 2012年9月8日，作者与法国"89街"网站专业记者皮埃尔·哈里基的谈话。

务，代表角色的制度赋权。[①]作为公民记者，他们享有公民在法律及社会制度内的权利和义务，却没有作为记者的职业特权。专业记者所属媒体作为新闻专业组织为其提供信息渠道的多样和通畅，专业记者可以用所属媒体的权威、名誉及声望获得更多信息资源，即限制和约束也是保障和权利。独家新闻是媒体声望及出色专业记者的成果，也是媒体获得更广泛的关注的基石。

学者 Ogala 及 Rodny-Gumede 对南非与肯尼亚的广播电视新闻进行的研究证明了两国的新闻品质在新的政治环境中有较大改善，他们的市民自由、言论自由和出版自由都得到了保障。在此环境下，新闻专业主义有了新的发展和进步。新媒体的发展给南非、肯尼亚等非洲国家的不发达族群带来了前所未有的福利，提供了更多获得信息的渠道和手段，随之而来的是媒介所有权的集中化及媒体节目的娱乐化。（Ogala & Rodny-Gumede，2014：283—294）

尽管目前尚无普世的新闻法或新闻从业人员道德规范限制专业记者的实践活动，但新闻专业主义理念所要求的专业记者的新闻报道应清晰、符合人道主义及道德标准也是新闻从业者的基本操作原则。另外，行业协会的成立显示各个国家形成了基本一致的新闻行业及专业记者对新闻事件的评判标准。前文（第五章）提及的以"分享在线新闻报道资源"为口号的网生新闻网站联盟"SPIIL"是多个网生新闻网站共同建立的组识，它的成立基于倡导新闻专业主义的在线新闻报道记者的集体合作精神和对专业主义新闻理想的追求。

[①] 按照社会学理论，角色是指个人在社会关系中处于特定的社会地位，并符合社会期待的一套行为模式。

第六章　辫子式新闻报道：网生新闻网站的公共话语共建

三、高品质新闻报道的坚守

信息技术赋予了专业记者更多便捷，其中包括更快地进行信息源联络和数据获取等。专业记者在获得大量数据和资源后，创作的新闻报道应有据可依，资料翔实。记者通过对数据、资料进行整理和分析，将新闻报道呈现给读者。前文（第二章）中对高品质新闻报道的分析及各国新闻奖的基本评价体系都鼓励专业记者通过寻找新闻线索、坚持调查与分析，讲述暗藏在事件背后的新闻故事。与聚合类新闻网站和博客类新闻网站不同，网生新闻网站追求专题式的新闻报道，努力完成跟踪式调查，不惜花费时间和精力对某一新闻议题进行全方位报道。

新闻生产过程的改变和信息技术的发展令我们对新闻的本质、新闻的生产过程、公民的参与和互动等问题进行了反思。我们发现，无论处在何种媒介平台，富于洞见的新闻报道加上敏锐的市场定位仍然能够给传统媒体带来巨大的收益，大数据的分析能力、用户合作的有效掌控和专业新闻的制作方式能够推动新兴媒体平台的发展。新闻报道的背景、解释及相关数据统计分析在互联网报道中意义更为重大。专业记者的优势是在海量信息中处理数据、对事件进行系统整合和背景分析的能力，因此，他们提供了公民记者无法深入探索的报道和调查，同时联合各领域专家对事件进行评论，以此为公民提供可参考意见。网生新闻网站的记者主张在经过把关和选择后在其新闻报道中提供相关新闻的超链接。

在互联网时代，对信息进行解读的重要性高于信息传播本身，正如新闻事件的真相比事实更重要一样，专业记者的专业精神比其新闻报道技巧更重要，新闻媒体的公信力则比发行量更重要。从目前的社会发展来看，新闻媒体本身担负的社会责任远高于赢利的目的。在数字化的浪潮中，我们获取信息的渠道增多，许多公民试图通过各种技术手段积极参与到公共事务的讨论中。积极的新闻参与促进公民讨论当下新闻事件、思考社会问题，也开拓了多元分析角度。此时，传统新闻从业者开始更多地从目击者的角度观察信息，即前文提到的从"把关"到"守望"的角色的转变。记者与读者间传播与沟通的数量和品质同时被提升。

> 与读者建立连接。如果坚持与他们保持联系，我认为他们可以再信任记者。我们可以找到讲故事的新方法。我不知道我们是否重建了高品质新闻报道，但是我们可以找到一种现代的方法。如果你不运用现代形式，他们便不愿意阅读。[①]

另外，虽然多数新闻生产者都强调其媒体发布新闻的原创性和独家的特点，但大多是对某议题的丰富或深入调查，抑或是获得某种特殊采访权，而拒绝搜索引擎的话题、字符排位，拒绝传统媒体的议程设置。网生新闻网站以原创为第一要求，选择小众议题、盲点议题，跟踪报道，以专业主义精神提供独一无二的新闻报道。

---

① 2012年9月6日，作者与法国"89街"网站专业记者朗塞·科菲的谈话。

第六章　辫子式新闻报道：网生新闻网站的公共话语共建

弗朗索瓦是一个非常好的例子。因为他在这里是法国唯一一个阅读《政府公报》（Government Gazette）的记者。政府发布报纸，但是没人买，（内容）只是官方宣言。法律报告、成立公司，所有这些内容都透明，但是大家都不阅读，因为它不是报纸，而是策略性宣传品。弗朗索瓦每天坚持阅读，并经常从其中挖掘出被人忽略的新闻线索。例如，弗朗索瓦观察一个首相，国家规定政治家不可以拥有私人公司或者你不可以兜售你的影响力，但是在一个月的空档期，这个首相创建了一个公司，显然这是违法的。然后弗朗索瓦发现了这个秘密，做出了一篇报道。专业记者需要有这样从小事中挖掘重要事件的眼光，所以好奇心是非常重要的资质。你走在路上，当你出门，甚至在路边的时候都可以发掘新闻。①

网络专业记者与读者共同生产新闻的过程是：首先，选择用户生成内容中有价值的部分，加以修改。其次，对事实和新闻来源进行检验和调查。负有盛誉的新闻机构对所有信息来源要求至少有两个不同的信息源可供确认，这种专业精神将用户生成内容转变成可靠的、高品质的新闻报道，是对新闻内容的高度负责，也是对信息发布用户的负责。将信息查证后再予以发布，这是对提供新闻线索的用户和新闻本身的双重尊重。再次，对用户尽可能做出详尽的回复，并根据其报道来源的可信度和新闻质量对其重新定位，培养有潜质的公民记者，以期获得更多优质的新闻线索。

---

① 2012年9月8日，作者与法国"89街"网站专业记者皮埃尔·哈里基的谈话。

专业记者通过与读者、专家之间的合作进行了互动式的新闻报道，而媒体公司也试图将新闻生产中的部分过程外包，以求资源的最优化和统筹分配。传统媒体和在线新闻报道网站需要用新媒体思维重新包装原有的媒介，以更吸引人眼球的排版及分类获得更多的关注。新闻是一个非常规产品，通常新闻的来源与采集有固定的韵律。互联网的传播规则较传统媒体有所改变，其未来的发展已经从新闻的发布权转向新闻信息的解释权。正如喻国明指出，从社会守望到社会对话，是新闻从业者意识的转变。（喻国明，2009）

第二节　意见领袖与行业专家的积极作用

网生新闻网站诞生于互联网技术全速发展的时代，在建立之初就已面对数据的搜索、信息的挖掘等数字化挑战。全面进入信息时代后，传统"阅听人""大众"的概念都受到了新技术的挑战，受众需要在更丰富的资源中寻找、更新内容。但在数据不断更新的今天，专业记者和读者都需要思考并重新定义在信息海洋中制作和寻找高品质新闻报道的方式。在这样的困境中，各领域专家的作用便显得尤为重要。

在数字时代，新闻报道的专业化受到更多挑战，也成为决定新闻报道是否能吸引读者深度阅读的重要因素之一。传统"五W"传播模式已经不能满足读者在信息世界寻求答案的需求，因而当下我们用"五W+H"模式进行补充。① 新闻信息的消费者在接收信息的同时生成信息，但也经常回归传统媒体以寻求更深入的报道和专家评论，以期在信息繁杂的环境中全面、精准地了解事件发生的过程并获得深度分析。

一、大数据时代的困惑

"大数据"是时下热门词汇，意指相关数据和资料的规模已达到难以处理的程度。简而言之，大数据代表着人们对提高信息加工能力的期许。互联网发布的信息每年呈几何数增长，移动数字终端广泛开发后，信息发布渠道再一次扩大。大众生产的信息与媒体发布的信息的多项叠加给信息选择造成了巨大困难。根据新媒体持续快速发展的趋势，大多数网生新闻网站将发展重点逐步转移到新兴媒体平台，广泛利用移动数字终端技术，更重视用户体验。与独立媒体、另类媒体政治诉求的倾向不同，网生新闻网站追求新闻价值本身的阐释和提升。尽管我们进入数字化时代，统计调查与数据挖掘、分析对普通大众和多数读者而言依然是专业化集成。事实上，深度分析调查后的数据，我们会发现背后的隐藏信息更需要多重学科和专业知识的融合。本书中的三个案例"89街""阿帕奇"与"日记"的经验都说明，在大数据时代，媒体成功和投入的重点不是数据本身，而是从中找到更多新闻线索及专业分析。专业记者和各领域的专家共同整理、解读、分析信

---

① 这里的五 W+H 指 who, says what, in which channel, to whom, with what effect, how。

息时代的数据资料的生产模式已成为未来趋势。

二、网生新闻网站的数据分析

新闻报道涉及各个领域，当记者掌握一定量的新闻素材和资料后，首先依照自身的知识体系进行解读。当面临某些专业性较强的新闻数据时，活跃在不同领域中的专家将予以深度分析。例如，经济类报道、社会议题中技术部分的分析等都无法完全由记者独立完成，而是需要从事相关工作的、具有经验的专业人士协助。在此类新闻生产过程中，新闻报道被进一步深化，高品质新闻报道借由各种深入探究和解读来完成生产。

> 多亏了互联网，它最大的变化是产生了大量的数据。但是大量的用户甚至专业记者都不知道如何使用（这些数据）。你可以找到很多关于政治家的信息，也可以找到很多关于某公司的资料。但读者并不知道如何使用这些数据，我们将帮助他们使用数据，我们也可以告诉他们什么样的数据不能使用。①

传统概念的新闻评论通常代表媒体对事件的看法和态度，甚至发挥引导和监督的作用。新闻评论多由记者完成，不可避免地体现组织机构的立场与意识形态。而网生新闻网站的"三种声音

---

① 2012年9月5日，作者与法国"89街"网站专业记者弗朗索瓦·克鲁格的谈话。

共同发声"的理念主张新闻专业记者、读者与行业专家共同参与新闻生产，使新闻报道融合不同的声音和角度。新闻报道中不带有网站的态度和意识，而是着重强调从其他行业专家知识体系中得到的新信息。

三、意见领袖的指向与引导

专家在数据分析，对社会事件的评论、解读及对事件发展的预测等中充当了网生新闻网站的意见领袖。当下，人们困顿于数据和新闻的选择，而专家可以根据自身的知识储备和经验为用户和读者提供参考。互联网本身已经具有传播速度快、打破空间限制等特点，而网生新闻网站提供了多层次、多选择的新知识，加速了文化知识在读者之间的推广。

在互联网时代，意见领袖的权威性显得尤为重要。在微博、脸书等社交网络中，经核实的名人、专家受到的关注和信息扩散度明显高于普通用户。即便将部分博客看作"新闻的重新解读"或是"嚼新闻的残渣"，也无法否定它们在专业领域的评论和分析上更具优势。事实上，大多数博客撰写者是根据已报道的新闻，结合自身的背景和经验，以公开短文的方式分享情感。他们的言论、观点和评论也被大范围地采用和传播。专业记者也将自己的职业身份公开，并随时通过社交网络发布信息，更新事件发展动态。同时，政治评论员、经济分析师等不同领域的专家也依靠自己的关注度，从潜意识层面引导大众，发布的信息有较为明显的指向性。

网生新闻网站通过将博客、微博、脸谱网等平台的新闻资源整合，并运用建立专业新闻报道品质把控机制、分享相关议题博客链接等方式，为读者和大众提供了立体式的阅读服务。更重要的是，网生新闻网站邀请意见领袖与行业专家真正加入新闻生产的具体步骤，使之成为新闻报道团队中的一员，并在长期合作中建立起良性机制，提供三种声音的高品质新闻报道。

第三节　新闻生产中公民的多重功能

自韩国公民新闻（citizen journalism）网站 Ohmynew 上线以来，关于专业记者、公民记者等概念的争论就在新闻研究的土壤中生根发芽。许多倡导专业新闻教育的学者在分析比较中使用英文"professional journalist"和"amateur"，即"专业记者"与"业余人士"，来指代这些概念。网络媒体传播速度快，但对谣言进行自审及过滤的能力不强。近些年，它既反映出公民反应的快速，又揭示了传统媒体在重大事件中的缺位。网生新闻网站三重合力中的重要力量之一——公民，不仅积极参与新闻生产的具体过程，同时也弥补了单一新闻生产主体的某些缺陷。

一、社区成员的自我实现

社区（community）的概念源于德国社会学家斐迪南·滕尼斯（Ferdinand Tönnies）在《共同体与社会》中提出的"Gesell-schaft"，后被译为共同体或社区，他首次将"社区"纳入社会学的研究范畴。社区强调人群内部成员之间的文化维系力和内部归属感，被认为是自然形成的、整体本位的。尽管学界对社区的概念尚未达成共识，但多数定义分析认为其主要含义是相同的，即地域、共同关系和社会互动。(Tonnies，2001)

在具体语境中指代特定的人群时，我们通常会在共同文化和共同地理中侧重其一。许多学者认为，这种群体秩序很大程度上是靠闲言碎语来维持的。事实上，在信息技术高度发达的今天，媒介可以使人在与原本生活的社区脱离地理联系的情况下依然保持原有的共同文化。例如，网站"89街"的系列报道"无家可归的人"对流离失所的小共同体的生活进行的跟踪报道等，都是对"群体"的解读。

传统社会的社区构成要素包括一定的地域、人群、组织机构和认同感，很难想象不同地域彼此之间还能互相联系。而在网络时代，社区的概念被重新构建和丰富，其主要构成元素中地域的影响已经改变。科技提供了虚拟社区的新可能，并将原来的社区内的地理、文化纽带重新排序，使得个人获得多重身份，成为各种范畴的结合点，同时，活动在不同的"共同体"里。

社区是社会的缩影，传统的社区在地缘上是"聚落"的承载体。社会是由个体组成的，而社区是社会与个人之间的小团体。大的社会环境中的公共利益与个人利益之间的协调者正是社区。作为一个利益共同体，社区肩负着传递个体需求和实施集体决策的重要责任。公民关注的是当地的信息和新闻，这正是"民生新闻"产生并繁荣的重要原因。在许多传统媒体以民生新闻重新获得收视率、收听率的同时，新闻报道的局限性也表现出来。

此类新闻对事件的细节关注有加，但对事件的深层报道和分析严重不足，把本应反映出的社会问题轻描淡写成了生活中的"鸡毛蒜皮"。

网生新闻网站的记者在进行专业新闻报道的同时，也积极和社区民众进行交流。笔者认为，网生新闻网站与另类网站都以社区为基本关注团体，切实关心公民生活，它们担负着记者与信息传播沟通者的双重身份。许多记者在网络新闻生产过程中成了业余的社区管理者，他们关注社区中的各种问题，通过建立社交网络的社区专页等方式为公民参与提供可能。

二、公民的新闻参与

因互联网环境下公民的参与使民主进程向更健康的方向发展，公民新闻曾被学者称为"第五权力"（fifth estate）。研究者认为公民新闻成为继立法、行政、司法与传统新闻、传播媒体机构之后产生的，又一对权力产生制衡作用的第五种社会权力。(Dugmore & Ligaga, 2014)

学者本特利（Clyde Bentley）对美国公民新闻和另类新闻发布网站进行了研究。本特利梳理了美国公民新闻网站的发展历程，并在研究中指出，公民新闻或参与式新闻是民主的重要组成部分。互联网的诞生给媒体环境带来了巨大的变化，同时，美国作为政治系统庞大、政治问题错综复杂的发达国家，公民新闻无法独立承担社会对新闻的要求。目前的合作模式依然是专业记者作为把关人监测、确认、验证新闻信息的准确性，给公众提供更细致的

"事实"。(Bentley, 2014)

库克(Clare Cook)与狄金森(Andrew Dickinson)对英国的社交媒体、公民新闻及另类新闻进行了研究。他们认为另类新闻报道和公民新闻不仅提供了另外一种声音,也保证了新闻的品质。特别值得强调的是,两位学者指出不同的新闻报道渠道,如公民新闻等方式,不仅是保持新闻多元化的武器,同时,它们与所有主流媒体共同分担着维持、保护甚至提高新闻品质的重要责任。(Cook & Dckinson, 2014)

在网络提供的众多功能中,微博、论坛等开放平台是一种自由表达的市场,公共辩论也给不同的媒体提供了自我澄清的机制。社交媒体、微博等自媒体平台已经成为新闻线索的主要来源之一。公民掌握话语权规避了某些媒体成为权力的代言人和利益的守护者所带来的负面影响,公民在社会议题中的积极参与对民主进程起到了推动作用。其中引起最多讨论和争议的问题是"公民记者能成为专业记者吗?"网生新闻网站的理念也从一个侧面解释了这个问题。首先,网民不等同于公民。互联网的进入门槛低,各种论坛、网站对注册账户的控制原则不尽相同,无法保证每个人都拥有合法的、唯一的身份。一人多个账户,或隐藏身份者众多,网民的真实身份无法查证。中国互联网络信息中心(CNNIC)统计报告指出,我国网民中具有大学及以上学历的人数占总体网民的20%,总体中约半数为学生与自由职业者。① 这些群体非理性化、极端化的现象严重。其次,多数公民没有接受过新闻或相关

---

① 中国互联网络信息中心:《第37次中国互联网络发展统计报告》,2016年1月。

专业的教育和培训，尚不具备专业记者所具备的理论知识、专业技能和新闻敏感，特别是在政治、经济等议题或重大事件的是非标准和评判标准上都不能达成共识。再次，公民有潜质成为真正的公民记者。网生新闻网站已经意识到公民在提供新闻线索和参与讨论中的重要作用，它们鼓励公民积极参与，并依据其提供的线索或其兴趣跟踪新闻。公民如果能够理性地对新闻价值作出判断，并对新闻法制规范有一定的认识，便可以成为参与新闻的合格的公民记者。

在网生新闻网站的理念中，公民参与新闻的生产是通过新闻线索的提供、对已有新闻报道的反馈、对新闻内容的监督等方面实现的，这一活动与公民新闻的概念有本质区别。保证新闻报道的质量，仍应依靠专业记者的把关与报道框架。与此同时，公民的互动式参与也是网络时代提高在线新闻报道的准确性、深度性与品质标准的必要条件。

三、新闻线索的提供

传统媒体是新闻传播的中介，新闻实践必须经由媒体的选择求证、审查刊播才能传达到受众。网生新闻网站改变了传媒生态和传播方式，它采用裂变式的传播路径，丰富了现实社会话语的权力结构。"推特"创始人之一埃文·威廉姆斯（Evan Williams）这样描述微博："即使是再庞大的新闻媒体，也不会像'推特'一样在世界各地拥有众多专业记者。"互联网媒体出现以后，专业记者的新闻实践活动受到了新技术的挑战。公民随时随地发送照片、视频,见证新闻事件的发生。甚至有民众活动小组通过卫星上传在叙利亚地面拍摄的视频,发布战地信息。传统新闻媒体由专业记者完成整个新闻采写过程,而网络媒体则呈现为多极化,首先便体现在新闻线索来源的极大丰富。

> 我们有自由撰稿人,我们可以依靠读者。有些外国记者的费用非常昂贵,我们无法负担。但我们在一些没有记者的地方也表现得很好。当驻外记者不多时,通讯社的能力就变得薄弱。相反,我们却更强大,因为我们有很多读者,他们可以非常快地做出精准的反馈。例如,哥伦比亚岛被屏蔽,没有人可以进入,他们也没有通讯记者,因为很少有人关心这个话题。所以他们试图证明他们是法国的一部分。我们马上联络,进行报道,在欧洲的远处我们依然可以(通过公民)与事件进行融合。①

传统媒体面对战争报道,其优势是在战争现场做目击者,记者深入战场,运用卫星传送图像、电话连线等方式将现场尽可能地传递给观众,进行全方位的同步报道。互联网媒体,特别是以社交网络等方式联通世界各地的新闻网站,利用公民作为自己的前方记者,以此减少投入和运行成本。例如,为第一时间获得新闻线索,《纽约时报》每年在巴格达地区的投入已超过300万美元;② 与之相比,网生新闻网站则因无法支付高昂的成本而选择利

---

① 2012年9月8日,作者与法国"89街"网站专业记者帕斯卡·里奇的谈话。
② http://www.dooland.com/magazine/article_160286.html,2014年5月1日访问。

用当地公民通过社交网络提供新闻线索。诚然，这些公民记者提供的素材无法与专业记者从战场发回的报道相比，但坐在巴黎编辑部里的记者们也通过对资料的整合和编辑发出了有趣的报道。网生新闻网站倡导自己的新闻报道是对传统新闻的补充和完善，意在更多地关注边缘化的公共利益和社会议题。它以更亲民的方式欢迎每一位"线人"的参与，并提供"记者会将其检验"的专业服务，最终提高新闻报道的品质。

四、新闻报道的评论

在本研究中，新闻报道的评论指新闻报道发布后，读者、大众对于新闻事件和新闻报道的评论。在传统媒体中，新闻报道的评论是一种反馈，由于技术的限制需要较长时间才能传到新闻发布者手中。互联网出现后，即时信息成为重要功能及主要传播方式。读者在第一时间阅读新闻，并在报道后作出回应。所有读者的评论、回复也逐步成为新闻报道的一部分，供随后的读者查阅和参考。新闻的评论使读者为记者建立了安全网和防火墙，同时，可以帮助记者根据读者反馈做出纠正错误的评语。另外，评论使人人平等，即无论是专家还是普通读者，都可以对新闻报道即时进行回复，公平地表达自己的意见。在共同的讨论空间里，评论构建了网络中的公共空间。《华尔街日报》记者拉朱·纳里塞蒂（Raju Narisetti）认为，在在线新闻报道的页面上，应该用更多的读者评论代替记者的诅咒。（Ortolani，2014）

网生新闻网站的评论互动是其新闻理念的重要环节。在深度采访中，专业记者认为互联网中的新闻评论可以在第一时间对新闻报道进行反馈。读者们提出新闻报道中的错误或对其进行补充，或对新闻报道作出自我评论。记者们可以对自己的新闻报道进行更正，并在与读者的对话中获得新的灵感。传统媒体的网站也设有即时在线评论功能，但其中的互动与网生新闻网站仍有区别。在后者中记者更多是以"朋友"的身份与读者进行交谈，且新闻信息的发布与新闻线索的采集是在同一个平台完成的，给读者提供了更真切的参与感。不同板块的记者对理智参与讨论的读者进行回复，形成了真正的对话机制。

> 如果对一件事不确定，评论会告诉我：你能证明什么，你的信息来源是什么，或我不同意你的观点。报纸的问题是：如果你的报道有误，你无法改正它；但是它消失了，便没有人再关注。如果你在互联网上发布报道，你可以马上更正报道；你可以提供新闻来源，证实自己的可信性。①
>
> 与传统媒体不同，我不知道他们如何管理评论，但是我们的员工可以与读者交谈，尽管新闻并没有发布。如果你犯错，你应该道歉，你必须保持"透明"。（对此）我很喜欢。这是一个很大的压力，你在写作之前必须对结果进行思考。如果你说错了，他们会把你放上"推特"。但是这些压力都是有益的，因为我可以改进我的新闻实践。②

---

① 2012年9月4日，作者与法国"89街"网站专业记者苏菲·韦内－卡亚的谈话。
② 2012年9月6日，作者与法国"89街"网站专业记者露西尔·苏尔代的谈话。

五、来自读者的监督与修正

在互联网出现之前，记者和媒体在新闻生产过程和节目内容策划中都需要"想象观众"。与此相较，广播的受众反馈速度快于电视与报刊。而互联网出现后，想象观众成为真实观众。借助于信息技术，网站可以轻松地监测到网站的点击率，及时回复读者的留言及评论，这将曾经需要几天甚至更长时间的数据收集转变为即时获取。报刊编辑由原来的回复信函、电话和开展有限的讨论转变为时常在互联网上进行主题论战。更为重要的是，在互联网时代来临之前，记者强烈地维护他的专业判断，而现在却要接受更广泛的读者对某些错误的修正。同时，进入新时代，新闻自治的伦理也面对新的困难。

在深度访谈中，网生新闻网站的记者表示能与读者互动，特别是读者可以指出错误或提供更有效的数据和新闻线索时，其工作价值与自我认同会得到极大满足。互联网使每个人都成为发言人，同时培养更多的专家"浮现"于互联网上。读者也可以根据自身的知识和经验，对自己喜爱的文章理性地进行评论，更正专业记者的错误。互联网技术允许记者在得到反馈后及时对新闻中的错误内容进行改正，这既补充了其自身的专业知识，又避免了对众多读者产生误导，从而促进了新闻生产的良性循环。

这是一种压力，但与传统媒体相比有更多的自由，因为在"89街"，无论我们想什么都更自由。大家喜欢独特的、在互联网上读不到的新闻报道，所以写作的方式、写作风格的选择都非常自由。而对读者的评论，你需要解释你是如何工作和判断的。例如，你在传统媒体工作，你不太关心读者的想法，如果你的报道中有错误，没有人会做出反应。在这里，人们会第一时间回复，指出错误。有些新近发生的事你不知道，读者将会帮你指出。①

如果你犯错，你可以很快更正。如果你已有报道，你可以立即做出修改。基本上，他们也会帮你发现更多的故事，并找到自己的方式添加链接。你可以把文章发给读者，有很多目击者会把故事讲给记者。②

当你把报道放上网，你可以很快知道正确与否，（这）很特别。有时你需要以不同的方式完成报道，但是我对我的工作和互联网都很有信心。③

当你看到一本书，你可以感知，你也可以触摸。但是互联网可以马上修正你的错误。我的老板会说，报纸将会消失，但是我认为不会发生类似的事。④

同时作为参与者、记录者、观察者的公民、领域专家、记者之间开展了新合作，角色之间不断融合与转换。网生新闻网站由专业记者对公民提供的故事进行核实和调查，以客观真实的角

---

① 2012年9月5日，作者与法国"89街"网站专业记者弗朗索瓦·克鲁格的谈话。
② 2012年9月5日，作者与法国"89街"网站专业记者亚纳·热刚的谈话。
③ 2012年9月6日，作者与法国"89街"网站专业记者朗塞·科菲的谈话。
④ 2013年8月29日，作者与法国"89街"网站专业记者安德烈·吉尔的谈话。

度进行新闻报道。新闻的主要内容是公民生活的点滴，而"讲述—记录—调查—报道"将会是专业记者与公民记者的有效合作模式。

第七章　生存博弈：网生新闻网站的商业模式

新闻作为一种特殊的产品，其价值因不同用途、不同媒介平台而异。根据不同的阅读习惯，媒介也开始生产不同的新闻产品。目前，新闻产品的消费模式也随着现代大众传媒技术的不断推陈出新而发展得更为多样。为了迎接网络媒体带来的挑战，维持、推进新闻组织的正常运转与新闻生产，包括网生新闻网站在内的许多新闻网站都在进行赢利模式的积极探索。

在运营模式的探索中，"是否应该为新闻付费？""为高品质新闻报道付费的模式会被认可吗？""在信息海量传播的时代，新闻是否会成为'阅后即焚'的产品？（即浏览后成为无用的废品）"等问题在新媒体时代引起更广泛的争论。本章试图基于这些争论，讨论网生新闻网站建立其赢利模式的过程及经验。

第一节 一场有关新闻付费的论争

对新闻付费问题的讨论实际上是对新闻属性的基本认知的重新思考，即将新闻看作获取赢利的"产品"还是以"服务"为主的社会公器。

一、新闻品质的成本之困

学者亚历克斯·奥托兰尼（Alex Ortolani）对《华尔街日报》（*The Wall Street Journal*）、《大西洋杂志》（*The Atlantic*）等美国新闻媒体进行观察，并对其专业记者、编辑等从业者进行了电话采访。研究结果认为，互联网给新闻品质的提高带来的机遇超越了它带来的挑战，其中最大的难题是如何在媒体数字化进程中继续保持读者为新闻付费的习惯和媒体赢利。而目前，几乎所有的美国媒体在迎接数字化挑战时都表现得生机勃勃。（Ortolani，2014）

与提供免费新闻截然相反的理念是对新闻信息的传播进行定位，从而提出区别化的收费方式。目前网生新闻网站比较成规模的付费方式有两种。

一种是订阅费（subscription）。订阅费是媒体比较常见的赢利模式，读者需要支付认购价来阅读新闻产品。此模式不是单独购买新闻产品，而是按每月或每年等定期方式订阅新闻报道。比利时网生新闻网站"阿帕奇"也采取此种方式赢利。

在这里我们有很多自由,因为我们都是公司的股东。另外我们采用注册用户计划。我们可以失去宣传,没关系,因为我们有支持者。因此,我们用不同的方法赚钱。我们与宣传没有联系,所以我们更自由。①

另一种是付费墙(paywalls),它是对在线内容实行付费阅读的方式。付费墙鼓励媒体利用更优质的内容吸引用户购买新闻内容。2012年美国前20名报纸中,三分之一使用付费墙。免费增值模式占主导地位,其中有限数量的内容免费。以《金融时报》(*Financial Times*)为例,它尽管线上收费较高,却获得了更多的用户。

从目前的形势看,只有故事性强的在场报道或调查性新闻报道才会吸引读者运用"块状"时间享受静读,而碎片化的时间则被简讯、摘要式的新闻信息占据。同时,对于带有独特观点和评论的新闻故事,读者仍愿意为其中的"解释性内容"付费。因此,内容为王和渠道为王融合才能将媒体的品牌转化为新媒体时代的影响力。

二、受众作为商品理念的回归

广告经营是指新闻媒介获得的主要经济收入来源于出售广告版面及时间。网生新闻网站为了在激烈的竞争中生存,进行了多种经营模式的探索。目前在部分网生新闻网站的收入中,广告占

---

① 2013年8月29日,作者与西班牙"日记"网站专业记者安德烈·吉尔的谈话。

有相当大的比例。法国新闻网站"89街"的广告收入在与《新观察家》合作后攀升至总比重的40%，西班牙"日记"的广告也占其收入的30%。

然而，广告商与新闻媒体的利益勾结是影响新闻从业者实践的重要因素之一，且在过去诸年中案例屡见不鲜。宣称财政独立的网生新闻网站如何在与广告商合作的过程中保持自律是难以解答的问题。

受众的细分化要求媒体针对用户需求做出精准定位。如何在用户的阅读、消费习惯和新闻品质中做出平衡是媒体面临的首要难题。网生新闻网站试图帮助读者在信息海洋中过滤、选择信息，并提供有序的、关联的、深入的新闻报道，同时，为了使网站继续生存，多数网生新闻网站没有完全脱离广告赢利的模式。

三、网生新闻网站的选择

根据笔者的研究，网生新闻网站的运营结构和商业模式大致可以分为两类：一类是以服务为主的运营模式，另一类是以新闻内容为主的运营模式。这与国际学者、芬兰坦佩雷大学（University of Tempere）教授里斯托·库内利乌斯对69个案例进行研究的分析结果不谋而合。基于学术层面的解读，我们均认为可以将这两类模式分别称为服务指向性商业模式（service-orientated model）和新闻叙事指向性商业模式（storytelling-orientated model）。(Sirkkunen & Cook，2012)

部分网生新闻网站采取出售广告的模式，但为了保证其独立性，同时开展对不同方式的赢利渠道的探索。另外的网站则多依靠捐赠等方式存活，其实是新闻付费的另类表现。

> 我们认真选择广告合作伙伴。我们不想与我们不喜欢的公司合作。最好是找到一些可以一直和我们在一起的人，所以不能犯错。但是大多数广告、商业广告规定了他们的责任。①
>
> 我们想要独立于权力组织，所以我们希望依赖注册用户。（我们希望独立）同时也是广告商的另一种压力。最好的方式是与这些人共同工作。这是我们的选择。在起步时非常艰难。与"89街"一样，也许5年前我们在报纸上同样发现了问题。所以我们的经济模式与"媒介分离"相似，我们仅仅依赖注册用户。②

另一报纸《独立报》（Independent）则逐步开发了其附属网站，并免费向读者开放。实行互联网政策后，报纸销量下降趋势放缓，但依然无法使在线新闻报道采取适当的收费策略。目前，还没有任何数字和证据显示多数付费墙模式可以获得一定规模的注册用户和收入。另外，网站"The I"是由《独立报》所有者亚历山大·列别杰夫（Alexander Lebedev）创办的另一份付费报纸，这份报纸的突出特点是与读者的广泛互动。同时，所有者试图将两份报纸的内容整合，因为后者编辑规模较小，只能对其进行简单的再编辑。（Blackburst，2014）

---

① 2012年9月8日，作者与法国"89街"网站专业记者皮埃尔·哈里基的谈话。
② 2013年5月10日，作者与比利时"阿帕奇"网站专业记者西尔万·马克尔的谈话。

网生新闻网站与高品质报道
——来自欧洲的最新实践与经验

图 7-1 《独立报》网络版首页截图

图 7-2 "The I" 首页截图

纸质媒体和数字媒体的整合已经是多数新闻组织不可避免的发展趋势，专业记者在新闻采编过程中也必须综合考虑数字化报道的特点。对传统媒体与新兴媒体而言，发展的主体与重点都应回归新闻内容本身。根据传统媒体的阅听人的消费习惯，新闻大多是免费的；而对新闻组织而言，新闻的"价值"由广告商的投入来体现。全球范围内的媒体都在持续探寻适合自身发展的新闻付费方式，但成功的幸存者为数不多。新闻作为特殊商品，其使用价值不可估量，例如在商业竞争中，新闻可能会成为情报，掌控企业发展的生死命脉，此时的新闻价值连城。而作为公共服务信息的新闻则应该是免费的。

在线新闻报道的赢利模式主要有两种：一是广告商付费的出售广告模式，二是由读者付费的出售内容模式。对新闻是否应该付费的探索是商业模式的考量，而不是有关新闻实践中的原则的思考。

> 现在的问题是互联网因为充斥着未验证信息而声名狼藉，这也是为什么"89街"是一个有趣的例子。你可以将公民新闻、专业记者的报道融合在一起。目前还没有验证读者新闻的网站，包括法国的"媒介分离"，包括博客部分和专业记者发布的另一部分，而"89街"融合了两者。在我的话题中，很多时候我的读者比我在主题报道上更有说服力。①

以另一份英国报纸为例，诞生于1827年的英国报纸《晚报》(*Evening Standard*)于2009年结束了180年的付费新闻历史，正

---

① 2012年9月4日，作者与法国"89街"网站专业记者苏菲·韦内-卡亚的谈话。

式由付费变为免费。促成该报纸进行新闻付费方式改革的重要因素有两方面：一是面对发行量的不断下滑和广告收入的缩水，该报对生存空间妥协；二是《晚报》在英国纸媒环境中历史悠久，却对新兴媒体的新闻发布重视不足。因此，该集团决定进行一次商业计划的革新。2009年10月，报纸改名为《伦敦标准晚报》（London Evening Standard），开始了新的新闻实践。

图 7-3 《伦敦标准晚报》网络版首页截图

该报采取新的策略后有两个重要的转变：首先，是报纸对阅读人群进行精准定位，如"在回家路上的人"和"外出工作的阅读者"。报纸的内容因此更为丰富，特别突出了民生及社区议题。另外，根据《伦敦标准晚报》的调查，习惯阅读报纸的人在市中心提取报纸更便捷，因此他们将报纸的提取点集中在伦敦中心。报纸经过几个月的免费派发后，重新获得了赢利，但该报因此再也无法脱离广告主对它的影响。2010年10月,《伦敦标准晚报》获得"年度媒体品牌"奖项,评审会赞扬其在媒介商业模式的转型中,保持了新闻的品质和市场赢利间的平衡。(Chris Blackburst, 2014)

值得注意的是,《伦敦标准晚报》在转入免费新闻模式后,其新闻质量与传统高质量新闻报道的要求背离。如今,这份报纸的新闻报道被划归为小报一类。

第二节 经营模式的经验与探索①

经过多年的探索和实践,网生新闻网站在坚持新闻专业主义与新闻生产成本的困境中寻求到了多种出路,通过与市场、用户、新兴媒体技术之间的互动,逐步建立了"可持续发展"的赢利模式。

一、网生新闻网站的运营模式概况

(一)完全独立模式

实现资本的完全独立是网生新闻网站创立者的理想和目标。这种模式的全部收入来自网站自筹经费,因此新闻网站可以更好地保持新闻实践的客观性和独立性。

以西班牙为例,在信息化浪潮及资本主义经济危机的影响

---

① 本节部分内容已发表于《生存空间与新闻主义的角力:"网生新闻网站"的可持续商业模式探究》,《新闻春秋》2015年第2期。

下，西班牙公众对政府政策的执行、政党领导者的能力及其自律性的信任度下降，以致对传统媒体的新闻报道都持怀疑态度。特别是青少年群体，他们更倾向于选择新媒体发布的新闻作为信息消费的主要形式。此时，网生新闻网站应运而生，它们认为如果希望进一步推动公众参与民主讨论，提供高品质的、独立的新闻报道意义重大。

西班牙网生新闻网站"日记"是资本完全独立模式的重要代表，其运营的全部资金来源于用户的"捐赠"。称其为"捐赠"而非"注册"，是因为该新闻网站的收费并不限定数额，也不像付费墙模式那样出售新闻内容。也就是说，从5欧元至千万欧元的支持费用都被接受，捐赠者也由此被称为网站的合伙人。"日记"的创始人在建立此网站前，已经尝试着运行过多个类似的新闻网站，最终都因经营不善而以失败告终。"日记"的成功建立在这些经验的积累上，网站也雇佣了专业管理团队。经过4年的努力，"日记"编辑部的全职记者已经由原来的5名扩展到现在的11名，网站经营状况良好，已实现稳定赢利。在西班牙的新闻点击排行中，"日记"也因其新闻的高品质名列前茅，特别受到年轻人的认可。

（二）合作经营模式

在新闻专业主义精神与商业压力的矛盾中，网生新闻网站的失败案例远远多于成功案例。一方面，网站资金无法负担新闻从业者的新闻实践活动，另一方面，网站在新闻制作过程中迫于各方压力最终偏离原本的专业主义道路。而网生新闻网站在两者之间妥协的结果便是与传统媒体的分离合作。

以法国网生新闻网站"89街"为例,早期"89街"主张独立运营网站,但基于多重原因,网站于2011年与法国以深度报道为主的激进杂志《新观察家》(Le Nouvel observateur)达成合并意向。《新观察家》向"89街"注资后,双方开始了新的合作。"89街"的案例在网生新闻网站的发展历程中具有重要意义,它代表一批新闻网站在新闻专业主义与生存空间中做出选择,被注入资本后它们已与网生新闻网站的原宗旨和理念背离。尽管"89街"的创立者和新闻记者依然坚信彼此之间的合作仅涉及广告的分配和运营,不会对网站的新闻理念产生影响,但他们已与坚持完全独立经营的网生新闻网站渐行渐远。

(三)多渠道经营模式

多渠道经营模式指网站的主要运营资金来源多样,收入由多重部分构成。网生新闻网站发展初期多依赖民间支持,进入稳定期以后,网生新闻网站开始了新闻生产模式与经营模式的探索。

比利时网生新闻网站"阿帕奇"在近三年的探索中确定了自身的运营策略。因比利时的多语言环境,"阿帕奇"首创将网站分为荷兰语版本与法语版本,而两个版本分别采取不同的资助模式。法语版本的资金支持来自比利时瓦隆区政府对小众媒体的扶持,而荷兰语版本的资金来自公众的捐赠与注册。

在寻求可持续发展模式的道路上,多渠道经营方式具有一定的成效。它降低了新闻网站的生存风险,并以多维度的商业运行方式为新闻实践、新闻传播提供了更多的可能。目前,网生新闻网站多采用多渠道经营模式,其收入来源主要包含众筹资金、用户捐赠与注册、新闻衍生产品等方面。

二、网生新闻网站的主要资本构成

（一）政府补贴（public subsidies）是网生新闻网站发展起步资金的重要来源之一。与政府参与媒体建设不同，这里的政府补贴是指政府为防止某些媒体集团形成垄断，对小众媒体和新兴小型媒体进行小额补贴。此种资金支持不附加特殊规定或要求，供接受资助的媒体自由使用。

目前，法国、比利时等国家的政府部门都为这些小型媒体的发展提供小额资金支持，以预防媒介集团对媒体市场的垄断。例如，比利时网生新闻网站"阿帕奇"法语编辑部得到了比利时瓦隆政府每年约4 000—5 000欧元的支持，这种支持用以鼓励"阿帕奇"在比利时媒体中的独立发展。

尽管多数政府的资金补贴没有附加条款，但很多资金充裕的网生新闻网站拒绝接受与政府有关联的补贴。它们认为附加条件和潜移默化的影响可能在未来的新闻生产中引起矛盾，因此网生新闻网站创立者大多希望与政府划清界限。学者与从业者也对此种资助方式与媒体独立性之间的关系有所质疑。

（二）慈善事业（philanthropy）与赞助（sponsorship）是组织或个人自发的、有特定主题的、不计回报的扶持和帮助。此种方式多帮助特定的新闻项目和与新闻内容相关的个人或群体。慈善事业是网生新闻网站的另一个资金来源，但其比例相对较小，可能来源于多样化的群体或个人。与慈善中的资金补贴不同，赞助的方式有更强的参与感。同时，赞助多具有商业性——为了获得宣传效果而向被赞助者提供资金或其他支持。

作为新闻从业者，网生新闻网站拥有新闻事业的情怀，它们期待与公众分享事实，并为社会挖掘新闻事件背后的真相。因此它们更希望与公众保持平等关系，而对传统慈善事业由上而下的扶持有抵触。

相比网生新闻网站，另类媒体的资金来源以慈善资助居多。当下的慈善事业主要聚焦贫困、教育、医疗等方面，目前暂无特别针对媒体发展进行的慈善活动。

（三）群众募资（crowd-funding）与点对点资金（ad-hoc funding）是网生新闻网站自主运行的筹集资金的独特方式，其概念来源于群众外包（crowd-sourcing）。学者曾庆香将其定义为：媒体记者或自媒体人以众筹网站和社交媒体为平台发起新闻报道计划，面向公众筹集报道所需资金，资金筹集成功后，便开展调查和报道，作为回报，受助人在整个新闻报道过程中需及时向捐助公众呈现报道内容。

众筹方式帮助网生新闻网站减轻了资本压力，但筹款的弊端是其数额不定、群体不定以及可能要定期进行筹款活动。此种方式的创立者和早期成功案例是大卫·科恩（David Kohn）及其创立的美国筹款网站"www.spot.us"。截至2016年，该网站已经成功运营9年。[1]

点对点资金是不同组织或个人对某些特定的新闻项目的支

---

[1] 网站成立于2008年，3年后被美国公共媒体（American public media）收购。

持。独立专业记者将自己设计的新闻项目发布在互联网上以招募对项目感兴趣的公众对其进行资助。此种点对点的资金支持更直接地对自己想参与的新闻内容进行募捐,资助人可以更清晰地了解新闻调查的相关计划和过程。点对点资金在网生新闻网站的资金来源中占比较少,但它提供了一种全新的、独立的新闻实践的可能。在互联网新闻生产过程中,用户对新闻报道的形成有几种贡献方式:信息资源的提供、新闻产品本身的生产(如公民新闻)、对新闻专业记者的支持(即资金的筹集)。新闻网站通过自己的网络平台对新闻计划予以公布,向公众详细解释、讲述其采访策划等,有兴趣支持、参与的用户可以提供资金赞助。

2011年,"89街"新闻网站对众筹资金与点对点资金筹集的可行性进行了一次探索。他们的筹款网站"我爱信息"(www.jaimelinfo.fr)在3月28日开发上线。

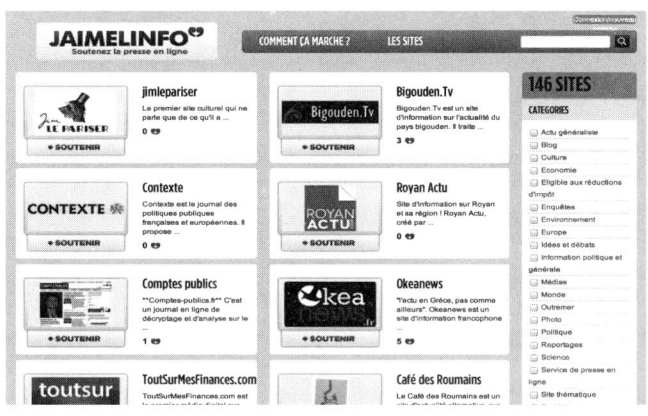

图 7-4 筹款网站"我爱信息"的主页及次级点选页

此网站提供了 146 个新生网站的基本情况、背景和需求,以获得更多的用户资金支持。另外,欧洲众筹网站"新闻基金"(www.journalismfund.eu)的建立为专业记者、独立报道项目提供了获得资助的更多可能性。如果专业记者有独特的新闻项目,网站则试图帮助他们完成长时间的新闻采访及调查等工作。另外,网站也为调查性新闻建立网络合作平台。

图 7-5 筹款网站"新闻基金"的主页

（四）新闻衍生产品

互联网技术及移动数字终端技术是青年记者进行新闻报道的新武器，他们在使用过程中没有过多的技术障碍。但中年记者处在技术发展的过渡期，对新兴技术的掌控并不顺利，技术的创新对他们而言是一种全新的挑战。这些专业记者也需要通过学习改善自己的技术能力。基于此种需求，"89街"创造性地提出了在线新闻报道记者培训课程以帮助希望在数字化媒体浪潮中从传统媒体向互联网及新媒体过渡的专业记者，或期待掌握新媒体技术的专业记者。

例如，"89街"网站提供星期、月度和年度课程，内容包括新媒体技术的基本操作、在线新闻报道写作等实践课程。"89街"的专业记者将轮流担任课程教师，与参与者共同探索互联网时代的新闻实践技巧。与《新观察家》合作后，传统杂志的专业记者积极参与"89街"的培训课程，提升自己的新闻写作能力，丰富新媒体新闻发布经验。目前，培训课程的收入已相当可观。

> 培训项目针对已经在媒体中工作的专业记者，当然，欢迎每个人（参加）。我们的目的是帮助记者完成互联网项目，帮助他们掌握互联网技术。所以通常不是针对年轻记者，因为他们在新闻学院已经学习过了。培训是针对希望在网站工作的年长的专业记者。我们帮助他们从广播、电视过渡到互联网。例如，如果你在纸媒工作，你知道如何进行访谈，如

何写文章，但是你不知道如何写网络报道。区别是读者在屏幕上阅读，他们更没有耐心，所以你必须尝试不同的方式。因此，如何利用搜索引擎等问题都是我们的培训内容。①

网生新闻网站制作的衍生产品形式多样，其中多为以网生新闻网站自身优势为基础开发的新闻产品和拓展渠道。因网生新闻网站多拥有自己的技术团队，他们为个人和公司提供新闻网站搭建服务。在信息化时代，企业更重视媒介渠道建设，网生新闻网站应此需求为这些企业制作新闻信息发布平台。另外，网生新闻网站还搭建第三方平台，在产品销售中赚取差价。

另外，网生新闻网站试图革新新闻报道形式，以移动互联网技术支持的互动项目为主要报道形式。自《纽约时报》发布新闻专题报道《雪崩》后，新兴媒体的新闻报道方式在业界与学界引起激烈的讨论。事实上，网生新闻网站在其新闻项目中早已开展多媒体融合、互动性强的新闻报道，而常规新闻多采用漫画、原始采访素材等创新报道方式与格式。

除以上网生新闻网站自主赢利的方式外，它们还获得了各种形式的帮助和支持。值得注意的是，网生新闻网站的创立者多拒绝被冠以"另类媒体"的名号，原因是他们坚信自己的工作是真正的、传统的新闻工作，其网站并非边缘群体发布特定政治诉求的平台。在网生新闻网站诞生初期，许多网站在激烈的竞争中消亡，究其原因，是专业新闻记者缺乏经营管理的经验和方法，因

---

① 2012年9月4日，作者与法国"89街"网站专业记者埃丝特勒·迪穆的谈话。

此早期的实践可被评价为"新闻实践的成功，经营管理的失败"。在生存空间与新闻专业主义理念实践的矛盾中，处在已有一定市场占有率的传统媒体与新技术优势明显的新兴媒体之间的新闻组织将成为众矢之的。新兴技术可以使同样的新闻选题在制作过程中被更优质、更快捷地完成，数字技术也帮助新闻记者更快速地传播信息，融合不同媒介形式进行新闻表达。传统媒体正在加大力度向新兴媒体扩张，将其转化为自身的补充和延伸。以网生新闻网站为代表的专业型新闻网站诞生于移动互联网技术时代，虽然市场占有率与受众规模有限，但是却开始了新兴媒体新闻发布的探索。而传统媒体与新兴媒体之间的新闻媒体将承受消费方式改变、受众碎片化、个人定制成为趋势等新闻业发展所带来的煎熬，其经营管理更需革新。它们对可持续商业模式的探索有利于媒体的多样化发展，更有助于使公民获得更加丰富的"媒体宣言"并重新掌握"第四权力"。

三、可持续商业模式的建构

可持续性商业模式（sustainable business model）的理念的重点在于关注稳定的商业运作模式对企业自身环境、行业整体环境的影响。对新闻业而言，网生新闻网站可持续性商业模式的建立意味着新闻从业者在新闻理念、伦理、制作高品质新闻与生产成本中成功寻求到平衡之道。

第七章 生存博弈：网生新闻网站的商业模式

（一）新闻生产管理中的革新

克雷顿·克里斯腾森（Clayton M.Christensen）提出"我们应该在别人瓦解我们之前自我瓦解"。网生新闻网站在媒介环境中面临的威胁和挑战多为隐性存在，其当下的主要困惑是新闻制作与媒体管理之间的平衡。

在新闻组织中，制度化制约着组织内部的革新，但组织可为试验新的制度化提供空间。也就是说，传统媒体的制度在制约其内部的开创性革新，但已形成的制度却可以为试验新制度提供机遇和平台。网生新闻网站的新闻编辑部不断重审他们正在进行的新闻实践活动，并思考如何改进这些实践。对于新兴媒体，特别是还处在发展中期的网生新闻网站来说，自我革新将成为此类网站的主要优势和其寻求生存空间的主要手段。

（二）聚焦具体新闻项目

传统媒体的新闻生产以各部门为节点呈网状发散，不同部门负责各自领域内的新闻故事。由于网生新闻网站规模较小，新闻内容的生产多经集体讨论决定，并同时由多人共同负责完成。通常情况下，网生新闻网站的新闻生产流程如下：

首先，根据网站记者的选题和初步调查确定新闻选题，设立新闻项目方案。记者在项目设计中不仅对每个项目的受众进行定位，而且对项目涉及的公众进行定位。其次，在不同新闻项目中，网生新闻网站编辑部对新闻资源进行整合以针对公众需要进行调和。最重要的是，与传统媒体不同，网生新闻网站等新兴媒体更注重服务的理念，针对不同新闻内容、受众群体进行服务策略的制定。例如，为配合新闻产品的运营，网站"日记"采取了一项特殊策略：每天在将新闻故事发布到网站上之前先将所有内容以邮件的形式发送给合伙人，同样的新闻内容在八小时之后再发布到网站首页。合伙人被赋予了一种优先权，此服务旨在表达"合伙人"对新闻网站的成长意义之重大。

（三）多元收入替代单一收入

传统新闻媒体的经营模式比较稳定，广告、节目制作、政府拨款、新闻付费等方式是其主要赢利渠道。网生新闻网站力图回避政治与商业的干预，建立独立自主的新闻生产流程。在网站发展初期，开发者们的探索并不顺利，多数网站因经营不善关闭。经过近十年的探索，当下的网生新闻网站多选择以多元收入代替单一收入的方式。相比依赖广告与出售新闻内容，通过多元化、多渠道的收入方式生存更稳定安全。

以法国网站"89街"为例，其收入情况为广告收入占总体收入的50%，培训课程占30%，其他各类收入（销售新闻衍生产品、提供搭建新闻发布平台等服务）占20%。"89街"的多渠道赢利方式使其熬过了发展初期的艰难时光，目前网站的运营开始逐步赢利，其社会影响不断扩大。

（四）新兴媒体平台的融合

网生新闻网站的新闻采集过程积极"拥抱"社会化媒体，它们与读者和多渠道的资源建立了固定联系。社会化媒体出现后，公民可以即时发布新闻信息，这也在某种程度上促进了新闻从业者的实践革新。网生新闻网站的记者注意到，社会化媒体中存在大量的新闻选题、线索、人脉和资源。"人人参与"的热情帮助新闻记者在前期的新闻采集中获得了更多的便利，并降低了生产成本。几经尝试，社会化媒体提供的人际网络已经成为网生新闻网站进行新闻调查、验证新闻信息的重要手段。

法国"89街"制作了手机和平板电脑的应用程序（App）。在手机应用中，其设计以互联网发布的内容为基础，主要体现用户参与的便捷性。与此相较，平板电脑的设计则专注于长篇新闻报道及用户体验，先整合网站中的新闻信息，再以独特的操控性发布在平板电脑平台，获得了读者的广泛认可。值得注意的是，"89街"的手机应用为免费服务，而平板电脑的设计以类似电子杂志的方式发布，提供免费的往期报道和付费的最新专题报道。

图 7-6　手机、平板电脑应用程序中的新闻呈现

经过多年的实践，网生新闻网站从小众新闻发布平台成长为促进民主讨论的新闻媒体，从依赖创立者的投资和民众捐赠到当下的自主经营，并且已经建立起系统的经营模式。在新闻实践的探索中，这些网站的开发者面临着更严峻的挑战，但新闻从业者的专业主义精神为他们开拓新平台提供了内在动力。从目前来看，网生新闻网站正在逐步建立起既能满足当下新闻生产需求，又能满足其新闻理想和追求，适用于长久发展的可持续商业模式。

第三节　新兴媒体拓展战略

借由便捷的媒介工具，人类从"一无所知"到"无所不知"。他们试图探究新闻里要详细解释的知识、人物和事件，而这些曾经需要大量经验才能获得的"知识"如今已逐渐成为"常识"。信息技术发展至今，媒体的新闻生产受到了多重挑战。首要冲击来自用户运用新兴媒体获取新闻信息的方式已从"慢读模式"向"速读模式"转变，从传统的"阅读"（read）向当下快速的"浏览"（look）转变，这既是媒介技术给人的感官带来的不断拓展，也是读者面对海量信息进行的自我调试。在这种变化里，部分读者的新闻消费有别于过去，而从偏好"深度报道"转向更广泛的信息摄取。同时，这种信息消费习惯的变化也带来了更多对多元类型的新闻报道的需求。因此，我们在新兴媒体的新闻生产中，已不能以读者对某一领域的知识"完全空白"为前提，而应更积极地建立丰富的解释性、补充性链接，从而为读者提供延展性阅读。

网生新闻网站在媒介技术与新闻报道中积极实践，运用互联网平台及数字化技术进行新闻发布，同时开发新兴媒体作为内容和互动的延伸，其实践活动主要包含以下几方面：

一、网生新闻网站的数字化策略

传统媒体和互联网媒体目前都面临着推崇媒体融合带来的新挑战，网生新闻网站也不例外，在其新闻实践中努力促进多媒体融合。例如，互联网，包括平板电脑、手机在内的移动数字终端，都被专业记者整合使用。如何将不同媒体的优势整合，将新闻资源以多渠道方式发布，从而获得更多的读者关注是新兴媒体的策略考量。网生新闻网站的互联网特质使其在与传统媒体进行技术整合的竞赛中更具优势。新渠道、新模式的开发需要大量的资本支持，但其革新过程已经被网生新闻网站简化。网生新闻网站无须顾虑传统媒体与新媒体之间的不调和因素，而直接进入数字新闻报道的自我调试状态。

与此同时，网生新闻网站不断探索新兴媒介的经济融合。新闻网站的不同赢利方式和主体团队的资源被重新规划。例如，不同数字化媒体的新闻产品的新闻采访、编辑过程、制作流程可以被重新梳理和分配以得到更具优势的运行方式。商业模式中的经济规划可以对媒体的新闻生产成本重新进行计算，从而降低生产成本以获得更高的利润。网生新闻网站寻求多种新媒体模式的综合性发展，为可持续模式的建成不停地进行探索。目前已知的网生新闻网站的商业模式融合了赞助、注册、新闻衍生产品以及其他多样化的经济模式。

网生新闻网站也在不断促进新媒体文化融合。当下的广播电视、纸质媒体都已形成了自己的文化,而互联网平台和新媒体技术都给这一文化形成过程提供了支持。不同媒体的专业记者在不同媒体的文化环境中进行新闻实践,形成了某种惯例。网生新闻网站的专业记者在传统媒体工作时的文化惯例与目前的新媒体文化环境中的惯例相异,在其新闻实践过程中,记者正试图融合不同的文化惯例,归纳和总结新的经验。

二、网生新闻网站的新媒体拓展

借由移动互联网、智能便携终端、云计算等技术,信息传播的方式和信息消费方式都发生了变化,甚至社会关系的经营方式及社会结构的演进方式也发生了变化。(高钢,2011)网生新闻网站诞生于互联网时代,历经信息科技带来的冲击和机遇,已经具备了在新兴媒体中进行自身拓展的能力。网站在完成生存模式的探索后,以新兴媒体为未来发展重点,积极实行自己的数字化策略。比利时网站"阿帕奇"利用社交网络开展新闻议题的收集及发布,逐步开发手机应用软件。法国网站"89街"则开发了手机及平板电脑的应用软件,并借此整合其新闻资源。在众多网站提倡"移动为先"的策略时,网生新闻网站更注重新闻内容的完善,并根据不同的发布平台制作不同的新闻产品。步入数据时代,网生新闻网站也在逐步开展数字化发展策略。

法国网生新闻网站"89街"已经成功完成了多个数字新媒体项目。这些项目议题多样,得到了读者的广泛参与。例如,

2012年由记者弗朗索瓦·克鲁格（François Krug）主持的新闻项目《双重任务》(*Cumul des mandats: c'est officiel, le PS a enterré sa promesse*) 得到了读者的热烈支持。法国政府要求从 2011 年起，任何政府官员不得同时享有两个国家公职，已有兼职的公务人员须在 2012 年前自动辞去其中一项职务。由于涉及人员数量巨大，专业记者无法对所有人员逐一进行调查。因此"89 街"的专业记者设计了新闻议题项目，由各地读者和公众提供线索，协助调查。这些读者和公众收集各地的资料，借由移动数字终端与互联网参与项目、提供名单线索，再由专业记者进一步调查。该项目得到了读者的大力支持，网站还绘制了一幅网络地图，更直观、准确地进行了新闻调查和报道。图片中白色圆点代表该地区公务人员已经完成政府的规定，灰色圆点表示该地区公务人员尚同时保有两个公职。

图 7-7 "89 街"新媒体项目

这也说明了为什么专业记者很重要。我们知道如何运用数据，我们做出名单，发现他们的事，然后验证信息，我发现200—300人都有第二份工作。这就是新闻！另外我们验证250人是否依然没有放弃他们的工作，因为议会的信息过于陈旧，所以我们不得不重新检验。我想，他们辞职了吗？为什么没有？我们没办法联络每一个官员。我们运用谷歌制作了一张地图，列出了这些官员，放到网站上。然后我们希望读者可以提供线索。①

这些创新新闻项目给读者的阅读增添了兴趣，同时更直观地将新闻信息展示出来。在合作互动中，读者与记者即时跟踪新闻事件的发展，切身参与挖掘事实的过程。读者对新闻事件中涉及的人物进行监督，专业新闻记者进行把关和新闻信息挖掘。作为参与式新闻的绝佳案例，它展现了公民与专业记者之间的合作的多重可能。

三、网生新闻网站的移动数字终端应用

数字化网络提供了多种信息发布平台和大量的新闻线索。传统媒体的互联网在线提供了新闻的数字化版本，提升了检索与查询的便捷度。新闻聚合网站，如"雅虎""谷歌"等，在相关新闻议题中建立了技术链接，使用户在突发事件中可以更快地找到

---

① 2012年9月5日，作者与法国"89街"网站专业记者弗朗索瓦·克鲁格的谈话。

同一主题的不同报道。与此同时,"谷歌新闻"等检索功能由于本身的技术限制及定义的不完善,只能进行字段、重复性等要素的数字化处理,所以,许多新闻网站为获得更高的点击率和关注度,对新闻进行特殊处理,使其获得搜索优势。而网生新闻网站的移动数字终端则运用多元化软件,给新闻搜索和新闻参与带来新的体验。

> 是的,我们不得不关注用户体验和设计。例如,如果我们有一个非常好的幻灯片,我们要让读者注意到这有一个幻灯片。有时,有些人不知道发生了什么,所以这是一种挑战。另一个例子是,我们可以进行用户设计,有些人在床上阅读,屏幕会经常改变,因此我们设置了锁定功能。我们会全面考虑用户的阅读习惯。①

新闻消费者在不同的时间需要获取不同的信息,互联网及移动数字终端需要实行战略管理,重视人力的培养和技术资源的调配。比利时网站"阿帕奇"采用了另外一种策略:

> 我们可以翻译每一篇文章,例如,我们在荷兰语文章中做出选择,也许我可以翻译这个,或者其他的。因为法语部分很有趣,因此我试图从弗拉芒语报道中翻译报道。我希望可以增加文章,但是需要大量的时间。因此有时你不得不放

---

① 2012年9月4日,作者与法国"89街"网站专业记者奥德蕾·塞尔当的谈话。

弃，因为语言中有许多不同的表达。所以我们试图对双方进行转换。①

目前，移动数字终端应用成为传统媒体的数字化延伸，但多数内容为传统媒体内容的简单复制和处理。移动数字终端有利于大众随时随地参与新闻的发布及反馈，也为新闻报道提供了不同的阅读方式。网生新闻网站逐步开发了移动数字终端的应用，并根据自身特点设定了具有特色的服务功能。特别是平板电脑应用的开发，将可能成为网生新闻网站的新战场。

比利时学者范西克娜·克洛森（Vinciane Coloson）与汉德雷克斯对比利时报纸《自由比利时》(*La Libre Belgique*) 及其新闻网站进行了民族志式的研究。与同一集团的其他报纸相比，该报纸面临着发行量下降的挑战。作为传统媒体，该报纸为了拓展其网络发展制定了新策略：该报领导者将传统报纸编辑部和互联网编辑部整合在一起，希望通过更开放的空间促进不同媒体记者之间的交流与合作。但是，互联网部门的记者认为他们在编辑部里成了"隐形人"，感觉被报纸编辑、记者忽略。在合作中后期，两组记者的紧张关系有所好转。报纸编辑、记者开始咨询互联网记者某些技术问题，但是矛盾仍然明显。在历经一年左右的尝试之后，决策者决定重新将两个编辑小组分开，同时没有对任何一方作出充分的解释。(Colson & Francois, 2008:144—153)

值得注意的是，传统媒体的专业记者很少有机会参与应用软

---

① 2013年5月10日，作者与比利时"阿帕奇"网站专业记者西尔万·马克尔的谈话。

件等新技术开发过程的讨论，使用工具的不便利是引起新闻编辑部内部冲突的重要因素。网生新闻网站的开放式编辑部不同于其他媒体，他们将技术维护人员、软件设计人员与专业记者、编辑安置在同一空间里，所有的技术问题都以开放的形式展开讨论。而用户体验部分则由新闻编辑部以外的专业团队进行设计和测试，最终方案根据全体记者的体验结果共同商议决定。

第八章　深层逻辑：互联网新闻实践的经验与启示

在全球化、媒介化时代，新信息与传播技术一方面成为推动人类不断进行新闻实践的"技术迷思"，同时亦为网生新闻网站提供了技术支持。在海量信息时代，读者对高品质新闻报道的期待与参与新闻生产的积极态度是网生新闻网站得以普及的潜在市场动因。在当下新闻报道娱乐化、小报化的环境中，读者获取有价值的信息愈发困难重重，而网生新闻网站内容的独创性回应了这一难题。通过拒绝议程设置、限制报道数量、创立大规模读者参与新闻项目等方式，网生新闻网站满足了特定的市场期待。与此同时，欧洲媒体生态环境对网生新闻网站新闻实践活动的许可，宏观的国家政策和记者生存图景都为多样化的媒介发展提供了机遇。此外，网生新闻网站构建的自身环境也为其在数字时代的发展创造了有利条件。

第八章 深层逻辑：互联网新闻实践的经验与启示

第一节 互联网思维 vs 新兴媒体逻辑

在线新闻报道发展的数十年中，新闻从业者在探索中逐步形成、建构了一套思维方式与价值观念，用行业流行的概念来描述，即形成了互联网思维。这种思维是自主的、与时俱进的动态过程，它是个体与群体思考集合的爆发和融合。同时，人们在互联网、移动数字终端等平台的发展过程中推演出一套理性的思考方式，即新兴媒体逻辑，它的首要假设是"个人成为媒体的中心"。新兴媒体的传播方式已不是传统媒体的一般模式，而是在不断的革新中更注重私人定制与媒体产品的定位。其次，新兴媒体传播以裂变的方式进行，并多以个人为结点，借由"强纽带"与"弱纽带"同步建立关系。在互联网新闻报道发展的过程中，新闻实践者已经在无意识中运用了这种思维和逻辑，并开发出了一整套符合网络传播规律的新闻生产模式。

互联网思维与新兴媒体逻辑都代表了人们在科技进步中的探索与经验。本书的研究主体——网生新闻网站从构思、设计、运行到呈现都依据新兴媒体的发展特点，将内容与技术优势有效结合，以此在技术进步带来的挑战、高品质新闻报道制作的成本困境、媒体自身的运营发展中找到了一条适合自身的可持续发展道路。

第二节 回归专业新闻报道

本研究结合不同新闻评奖,通过对业界评定高品质新闻的标准和学者的相关调查进行研究,揭示了高品质新闻报道的必要条件。因所处政治、经济、文化、社会环境不同,我们还未能对新闻品质的评定标准予以统一。笔者通过对已有研究成果进行分析,对新闻实践经验进行观察,试图以如下要素为基础,大胆提出高品质新闻报道应具备的七个标准:坚持原创性、具备准确性、守护公共利益及司法公正、坚持调查式新闻报道、运用出色的写作技巧、具有平衡观点以及使用数字化的呈现方式。

作为传统媒体,美国《纽约时报》、法国《世界报》等传统"质报"在新闻专业主义指导下的新闻实践中依然被奉为圭臬。其中,美国《经济学家》用自身的可持续发展说明了高品质新闻报道是支撑媒体生存的最核心要素。网生新闻网站的实践则揭示了高品质新闻报道的核心是经典的新闻观(classic journalism)。

在深度访谈中,不同国家的网生新闻网站的专业记者谈及高品质新闻报道实践活动时既有差异又含共识。在数字化时代,新闻媒介的发布渠道及发布方式都发生了翻天覆地的变化,但新闻的本质保持原貌,新闻专业主义依然是指导专业记者进行采编活动的职业规范。网生新闻网站拒绝被边缘化和另类化,强调自己是当下传统媒体批判性削弱的可替代力量,它们抵抗传统媒体统治、主导议题的力量,而努力给大众提供多元化的、见解独到的专业新闻报道。

网生新闻网站以高品质的新闻发布为主旨，运用专业记者、读者与各领域专家三股力量，以严格的标准和精细的策略保障新闻报道的品质。尽管对高品质新闻报道的定义和标准没有明确的共识，但网生新闻网站在对新闻信息的检验、对新闻选题及报道的批判性反思、对新闻写作技巧的推敲、多媒体整合、新闻报道的独立性等方面采取了具有创新意义的探索和尝试，并取得了一定的成效。

同时，高品质新闻报道是在"渠道为王"与"内容为王"的山谷中走钢索，只有探索到与自身相契合的步伐，才能在经济危机与媒体信任危机中找到"可持续商业模式"。

第三节　重掌"第四权"

西方社会通常认为新闻媒体的重要责任之一便是成为除立法、司法与行政之外的"第四权力"。这个由三权分立演变而来的概念是一种"新闻媒体在社会中的地位"的比喻。1971年，美国《纽约时报》由于刊登了美国越战政策制定过程中的"绝密文件"而被美国政府告上法庭；此后，《华盛顿邮报》也加入监督政府的行列，继续报道美国在越战中的历史文件，随即也遭到起诉。经过激烈的辩论，法院根据美国宪法第一修正案宣判两家报纸胜诉。由此，宪法确立了新闻媒体至高无上的地位，其对政治的监督作用亦开始凸显。

进入新兴媒体时代，以节点传播为模式的新兴媒介开始了新探索。与传统媒体的新闻报道不同，互动性强、信息量大、多媒体呈现等特质决定了网络新闻报道将具有更大的"传播权力"。网生新闻网站的建立消解了传统媒体的议程设置，提供了更多元的新闻报道。网生新闻网站创建的新闻生产的新过程提倡"辫子式新闻报道"，这促使公民借助技术实现了传播、表达意见从"权利"（right）向"权力"（power）的转移。法国网生新闻网站从2008年起被法国政府邀请参与年度会谈的事例也说明新兴新闻媒体的地位不容忽视，它在社会结构中起上通政府下达公民的作用。以高品质新闻报道为目标的网生新闻网站力图规避个人因素、组织因素、社会团体因素与体制因素对新闻报道的影响，旨在发布独立、专业的新闻报道。

网生新闻网站发源于新闻记者对提高新闻品质的追求和对利用新兴媒体提供更广阔的民主讨论空间的认知。它们在新闻生产过程中为公众提供了多种参与机会，其媒介负责人也积极参加与政府之间的沟通。事实上，网生新闻网站打通了民众与政府之间的沟通渠道，并将双方的意见、态度及时传递给彼此，这是构建协商民主的过程。

网生新闻网站致力于公共领域的建设和对"第四权"的掌控。网络媒体在建构社区讨论和公共空间中起到了重要作用。新兴媒体的技术发展为普通公民"赋权"，推动了人们从拥有"权利"到拥有"权力"的转变。对政府、公权力、社会运行进行监督是媒介的责任之一，网生新闻网站努力将传统媒体在商业化浪潮中失去的"第四权"夺回手中，深度挖掘新闻实践背后的故事，推动公众参与互动和政治讨论，从而建立真正的公共领域。

另外，网生新闻网站推动了网络记者主流化。如果说 2006 年法国政府对网生新闻网站的传播能力还是持无视态度,2007年法国政府已经提出邀请网生新闻网站参与讨论,以听取不同媒体的声音。由此,法国当局开始关注网生新闻网站在互联网时代的重要作用。由于法国记者证颁发没有覆盖互联网记者,许多在互联网供职的记者无法获得许可。2008年,网生新闻网站的记者成为最先获得许可的互联网记者。

第四节 可持续经营模式的建构

本研究探析了网生新闻网站多样化的商业模式,经过对众筹资金、吸引注册用户、捐赠、点对点资金等方式的探索,它们初步解决了信息消费模式改变与高品质新闻生产的成本之困。然而,目前它们尚未建立行之有效的可持续性商业模式,在未来的实践和发展中,它们也必然要面对新的冲击和挑战。如何在其中保持"独立",如何保持新闻报道的高品质等难题将始终贯穿于它们未来的探索中。

根据目前网生新闻网站的实践经验,它们诞生于互联网,并以互联网平台发布为主要业务,同时积极拓展移动数字终端的相关应用。在保证在线新闻报道发布的品质后,网生新闻网站由专人管理扩展发布渠道的技术性调试和用户体验设计,并针对不同发布平台开发不同的新闻内容和新闻格式,将新闻质量与趣味性相结合。"89街"的多篇政治报道是新媒体发挥自身优势、融合数字技术进行新闻报道的最佳例证。网生新闻网站的专业记者对新闻报道中的专业知识的可视化阐释、音视频采访、相关人员博客、数据链接等内容进行全面整合,打造了趣味横生的高品质新闻报道。

相比"移动、数字为先"的商业策略,网生新闻网站更偏重内容的更新与品质,以技术发展和新渠道为未来发展方向,将内容与渠道整合,进而发布高品质的新闻报道。与此同时,它们也在不断探究新闻报道的多样化、专业化的技术可能和内容品质的保障。

第五节　新闻报道品质的四重维护

通过对欧美高品质新闻报道的分析和研究,结合学者提出的提高新闻报道品质的方法,同时为保证新闻在传播过程中达到预设效果,笔者认为高品质新闻报道的传播需要四重维护。(Anderson,2014:28—31)

第一重维护来自新闻产品自身。新闻产品应关注读者的兴趣点和社会环境中与阅听者切身相关的议题。这不仅是商业和生存的考量,更是提高高品质新闻报道传播效果的重要开端。因此,抓住读者的关注点,将其控制在自己的发布平台,提供与其密切相关的、吸引人的新闻产品是高品质新闻报道传播的首要策略。

第二重维护依赖于媒体的使用者,特别是参政人员对媒体的有效应用。在媒体监督社会发展及政策制定的同时,政治家、政府公务人员可以利用社交网络对主流媒体和传统媒体的报道进行监督和更正。媒介的社会责任与新闻报道的品质是能动的互构关系,只有出色的新闻报道才能体现新闻实践者对社会问题的关注和思考，并对国家、政府的权力和行为进行监督。同时，成为"第四权力"也是媒介的重要社会责任之一。

第三重维护体现在教育在高品质新闻报道传播中至关重要的作用上。学校的教育应包含对政治参与的鼓励及相关知识的传授，特别是在公民新闻活跃的当下，专业新闻记者的教育和培训变得更为重要。在战争报道、财经报道、时政报道等新闻呈现中，只有训练有素和专业知识扎实的专业记者才能保障新闻报道的品质。

第四重维护是在信息传播技术的软件及硬件不断进步的优势下，进一步提升新闻内容的深度和广度，以期新闻内容的发展不落后于技术的更新。例如，许多新闻网站开拓新兴媒体平台发布渠道，整合新闻资源，不断更新新闻报道的呈现方式。在调整和改进中，新闻报道与发布媒介融合、适应，最终在不同平台形成独具特色的报道方式。

后　记

2013年8月，我租住在巴黎19区与20区交界处一间不足10平方米的房间，每日清晨步行到"89街"编辑部调研。这个聚集了世界移民的区域因多次发生枪战与治安问题而"臭名昭著"。夜幕降临，租屋楼下的警察局门前聚集着醉酒吵嚷的人，前轮腾起的摩托在街区间穿梭。我缩在局促的房间里，小心翼翼地上传我的访谈资料。两星期后，我已习惯路边不同种族人们的"凝视"。这便是我第一次体会到研究设想与社会现实之间的鸿沟不仅仅是北京、布鲁塞尔到巴黎的距离，而"真实"也无法被详尽描述于200页的书中。

在法国巴黎，政治学院的毕业生习惯于提着报纸和三明治在"89街"编辑部与外部世界间转换，工作时间被互联网技术模糊了。在西班牙马德里，"日记"创始人胡安与我在一家当地餐馆聊起他的创业经历，和我同龄的他，至今已经"制造"了五个新闻报道网站，并坚信自己的记者团队正在引领西班牙新闻业回归"经典新闻报道"。他指向对面的写字楼，告诉我编辑部即将搬至面积是原来的两倍的新屋。在比利时安特卫普，"阿帕奇"的记者们不断反思自身发展，试图寻求另一条具有比利时多元文化特征的新闻报道之路。三家媒体，三种语言，三种社会现实。唯一的共同点是它们的新闻记者都热衷于调查式新闻报道，执着于探寻新闻业与社会的良性互动，通过互联网进行高品质的新闻报道，体现了欧洲新闻人审慎的专业主义精神与对民主社会良性发展的责任感。

此书正是讲述了她们的新闻实践，并从学理的角度进行深度分析。此书的主体来源于笔者2010年至2014年间完成的博士论文，这四年是笔者醉心于学问最"纯粹"的时光。经多次修改，依觉有诸多不惬意之处。但以此回答博士研究的自问，烙刻人生的一个印记，自当珍惜。

2011年获国家留学基金委公费留学资格，笔者赴比利时布鲁塞尔自由大学进行博士学习。在与欧洲学者的多次思维碰撞中，笔者对他们关注的新兴新闻网站Pure Player产生了强烈兴趣。在此之后，笔者的两位导师以及布鲁塞尔自由大学的几位教授分别帮笔者联络了法国、西班牙与比利时的三家媒体，并最终促成了笔者的实地调查。因此，再次感谢笔者的两位导师——中国传媒大学刘昶教授、布鲁塞尔自由大学弗朗索瓦·汉德雷克斯教授"容忍"了笔者四年的"任性"。在巴黎，刘昶教授用三个暑假修改了笔者博士论文中每一页稚嫩的文字。在布鲁塞尔，汉德雷克斯教授携女儿多次在办公室度过了周末，逐字逐句修改笔者的研究报告。每个星期一，笔者的办公桌上都放置着他已经标注好的、与笔者研究相关的各类资料。

同时，感谢布鲁塞尔自由大学大卫·多明哥、弗洛兰斯·卡姆教授的指导，他们严谨的治学态度与极富学术魅力的课程都给笔者带来了全新的研究视角。此外，在ECREA举办的暑期班中，在与法国格勒诺布尔三大贝诺特·拉芳（Benoît LAFON）教授、芬兰坦佩雷大学里斯托·库内利乌斯（Risto Kunelius）教授的讨论中，无数灵感的火花转化为本书中的文字，记录着研究思路的逐渐缜密和学术框架的日趋坚实。在与香港城市大学李金铨教授的交流中，笔者对中西方新闻业的不同特质有了更深刻的认识。

感谢比利时驻华大使廖力强、教育参赞王鲁新、使馆教育处第一秘书马常委在笔者任布鲁塞尔学生学者联合会主席时给予的大力支持，这一方面促进了我国与留比学者之间、与欧洲学者之间的对话与交流，也为笔者在欧洲更好地完成实地调研提供了多重帮助。留比期间笔者与鲁汶大学马宁博士和布鲁塞尔自由大学徐贵权博士、焦钰博士及英国威斯敏斯特朴经纬博士成为挚友，感谢她们消解了笔者研究过程中的焦虑和迷茫，并通过跨学科的学术碰撞使笔者获得诸多灵感。

感谢中国传媒大学文科科研处的青年文丛项目与中国传媒大学出版社编辑张旭老师让笔者这份研究得以呈现于学界，使笔者有机会贡献自己的微薄之力。

最后，感谢家人让笔者的心始终保持坚强的温度。

附录1 访谈提纲(翻译稿)

问题1:您从什么时候开始在这里工作?

问题2:您对目前的工作满意吗?

问题3:您一直在网络新闻媒体工作吗?如果不是,您之前做过何种工作?

问题4:您觉得在不同的媒体工作有何不同感受?

问题5:您觉得网络媒体能带来更多的自由吗?如果答案是肯定的,包括何种自由?

问题6:您觉得在新闻采写过程中遇到过什么限制吗?如来自编辑的影响、来自组织管理的影响、来自媒体所有者的影响、广告考量、媒体技术、媒介伦理、截稿时期、新闻产品的品质等。

问题7:这些影响在传统媒体与网络媒体中都存在吗?有何区别?

问题8:您负责过某类特殊新闻议题吗?

问题9:您认为有统一的评判高品质新闻报道的标准吗?您会如何定义高品质新闻报道?

问题10:依照您的经验,您认为如何生产高品质新闻?

问题 11：您使用社交媒体吗？您觉得新闻被转载到社交媒体中时有改变吗？其特质是什么？

问题 12：您如何描述您所在的媒体？它区别于其他媒体的特点是什么？

问题 13：您觉得您所在的媒体的运营模式有什么独特之处呢？

附录 2　访谈名单

法国网站"89 街"访谈名单：

摄影、美工师，奥德蕾·塞尔当（Audrey Cerdan），访谈日期：2012 年 9 月 4 日

培训负责人，埃丝特勒·迪穆（Estelle Dumout），访谈日期：2012 年 9 月 4 日

专业记者，苏菲·韦内－卡亚（Sophie Veney-Caillat），访谈日期：2012 年 9 月 4 日

编辑，卡米耶·波洛尼（Camille Polloni），访谈日期：2012 年 9 月 5 日

实习生，访谈日期：2012 年 9 月 5 日

副主编，亚纳·热刚（Yann Guégan），访谈日期：2012 年 9 月 5 日

专业记者，弗朗索瓦·克鲁格（François Krug），访谈日期：2012 年 9 月 5 日

专业记者，奥雷莉·尚帕涅（Aurelie Champagne），访谈日期：2012 年 9 月 6 日

编辑，露西尔·苏尔代（Lucile Sourdès），访谈日期：2012年9月6日

编辑，朗塞·科菲（Ramsès Kefi），访谈日期：2012年9月6日

主编，布朗丹·格罗让（Blandine Grosjean），访谈日期：2012年9月6日

专业记者，埃尔莎·费内（Elsa Fayner），访谈日期：2012年9月7日

执行总裁、主编（网站创立者之一），皮埃尔·哈里基（Pierre Haski），访谈日期：2012年9月8日

主编（网站创立者之一），帕斯卡·里奇（Pascal Riché），访谈日期：2012年9月8日

工程师、技术主管（网站创立者之一），达米内·西罗托（Daminen Cirotteau），访谈日期：2012年9月7日

比利时网站"阿帕奇"访谈名单：

专业记者，西尔万·马克尔（Sylvain Malcorps），访谈日期：2013年5月10日

西班牙网站"日记"访谈名单：

副总裁（网站创立者之一），胡安·路易·桑切斯（Juan Luis Sánchez），访谈日期：2013年8月29日

专业记者，奥托·里贝罗（Aitor Riveiro），访谈日期：2013年8月29日

专业记者，安德尔·伊纳基·奥利德（Ander Iñaki Oliden），访谈日期：2013年8月29日

副主编，安德烈·吉尔（Andrés Gil），访谈日期：2013年8月29日

参考文献

中文部分

〔美〕阿诺德·戴比尔编：《全球新闻事业：重大议题与传媒体制》，郭之恩译，北京：华夏出版社，2010年。

〔法〕埃里克·麦格雷：《传播理论史：一种社会学的视角》，刘芳译，北京：中国传媒大学出版社，2009年。

〔美〕比尔·科瓦奇、汤姆·罗森斯蒂尔：《新闻的十大基本原则》，刘海龙译，北京：北京大学出版社，2011年。

〔法〕皮埃尔·布赫迪瓦，《布赫迪气论电视》，林志明译，台北：麦田出版，2002年。

蔡雯：《美国"公共新闻"的历史与现状》，http://news.xinhuanet.com/newmedia/2005-06/07/content_3055775_3.htm，2005年上线，最后一次访问是在2012年12月。

陈力丹：《2012解析中国新闻传播学》，北京：人民日报出版社，2012年。

杜骏飞：《网络新闻学》，北京：中国广播电视出版社，2001年。

成露茜：《全球资本主义下的另类媒体：理论与实践》，《2004年第二届亚洲传媒论坛——新闻学与传播学全球化研究、教育与实践论文集》，2004年。

〔法〕多米尼克·吴尔敦：《信息不等于传播》，宋嘉宁译，北京：中国传媒大学出版社，2012年。

〔美〕戴维·哈维：《后现代的状况》，阎嘉译，北京：商务印书馆，2003年。

〔美〕丹·吉摩尔：《草根媒体》，陈建勋译，南京：南京大学出版社，2010年。

〔荷〕梵·迪克：《作为话语的新闻》，曾庆香译，北京：华夏出版社，2003年。

〔美〕菲利普·迈耶：《正在消失的报纸：如何拯救信息时代的新闻业》，张卫平译，北京：新华出版社，2007年。

〔英〕弗兰克·韦伯斯特著：《信息社会理论》，曹晋等译，北京：北京大学出版社，2011年。

〔美〕盖伊·塔奇曼：《做新闻》，麻争旗等译，北京：华夏出版社，2008年。

樊葵：《媒介崇拜论：现代人与大众媒介的异态关系》，北京：中国传媒大学出版社，2008年。

高钢：《多网融合趋势下信息集散模式的改变》，《国际新闻界》，2011年第10期。

甘惜分：《新闻理论基础》，北京：中国人民大学出版社，1981年。

〔美〕赫伯特·甘斯：《什么在决定新闻：对CBS晚间新闻、NBC夜间新闻、〈新闻周刊〉及〈时代〉周刊的研究》，石琳等译，北京：北京大学出版社，2009年。

〔美〕保罗·莱文森：《新新媒介》，何道宽译，上海：复旦大学出版社，2011年。

〔加〕罗伯特·哈克特、赵月枝：《维系民主·西方政治与新闻客观性》，清华大学出版社，2010年。

〔美〕罗伯特·W.麦克切斯尼：《富媒体，穷民主：不确定时代的传播政治》，谢岳译，北京：新华出版社，2004年。

雷跃捷：《新闻理论》，北京：中国传媒大学出版社，1997年。

陆定一：《我们对于新闻学的基本观点》，全文原载于1943年9月1日延安《解放日报》。

陆晔、潘忠党：《成名的想象——中国社会转型过程中新闻从业者的专业主义话语建构》，《新闻学研究》（台北），2002年总第71期。

李良荣：《新闻改革 30 年，三次学术讨论引发三次思想解放》，《新闻大学》，2008 年第 4 期。

李良荣：《当代西方新闻媒体》，上海：复旦大学出版社，2010 年。

李衍玲：《新闻伦理与规制》，北京：社会科学文献出版社，2008 年。

罗慧：《传播公地的重建：西方另类媒体与传播民主化》，北京：社会科学文献出版社，2012 年。

罗慧：《当下西方发达国家另类媒体的概念辨析与内涵界定》，《国际新闻界》，2010 年第 5 期。

罗国杰等编著：《伦理学教程》，北京：中国人民大学出版社，1985 年。

〔美〕迈克尔·舒德森，《新闻社会学》，徐桂权译，北京：华夏出版社，2010 年。

〔美〕马克斯韦尔·麦库姆斯：《议程设置大众媒介与舆论》，郭镇之等译，北京：北京大学出版社，2008 年。

〔美〕尼尔·波兹曼：《娱乐至死》，章艳译，桂林：广西师范大学出版社，2011 年版。

〔美〕沃尔特·李普曼、詹姆斯·赖斯顿：《新闻与正义：14 项普利策新闻获奖作品全译本》，展江译，北京：中国人民大学出版社，2009 年版。

〔英〕齐格蒙特·鲍曼：《来自液态现代世界的 44 封信》，鲍磊译，桂林：漓江出版社，2013 年。

〔美〕威廉·盖恩斯：《调查性报道》，刘波等译，北京：中国人民大学出版社，2005 年。

欧阳明：《外国新闻传播业史稿》，武汉：武汉大学出版社，2006 年。

王维佳：《作为劳动的传播：中国专业记者劳动状况研究》，北京：中国传媒大学出版社，2011 年。

万小广：《新传播生态下新闻把关遇到的挑战》，南方日报网站，http://media.nfdaily.cn/content/2013-01/12/content_61813226.htm，2013 年 1 月上线，最近一次访问是在 2013 年 3 月。

奚从清：《角色论——个人与社会的互动》，杭州：浙江大学出版社，2010 年。

徐宝璜:《新闻学》,北京:北京大学出版社,1919年。

徐耀魁:《西方新闻理论评析》,北京:新华出版社,1998年。

〔美〕谢尔·以色列:《微博力》,任文科译,北京:中国人民大学出版社,2010年。

喻国明:《影响力经济——传媒产业本质的一种诠释》,http://tech.sina.com.cn/me/2003-01-24/1516163074.shtml,2003年1月24日,最近一次访问是在2013年1月。

喻国明:《"囧时代":传媒业的角色与使命》,《青年记者》,2009年第6期。

于显洋:《组织社会学》,北京:中国人民大学出版社,2009年。

张威:《比较新闻学:方法与考证》,广东:南方日报出版社,2003年。

赵月枝:《传播与社会:政治经济与文化分析》,北京:中国传媒大学出版社,2011年。

张国良:《新闻媒介与社会》,上海:上海人民出版社,2001年。

〔加〕文森特·莫斯可:《数字化崇拜:迷思、权力与赛博空间》,黄典林译,北京:北京大学出版社,2010年。

外文部分

Allern, S.(2002) "Journalistic and Commercial News Values, News Organizations as Patrons of an Institution and Market Actors", *Nordicom Review*,(1-2):137-152.

Allan, S. (2006) *Online News*. Maidenhead: Open University Press.

Attias, D. (2006) "Quel Modèle Economi Que Pour La Presse Internet?", *Le Temps des Medias*, n° 6:143-150.

Atton, C. (2001) *Alternative Media (Culture Representation and Identity)*. London: Saga.

Anderson, P. J. (2014) "Defining and Measuring Quality News Journalism", in Anderson, P.J., Weymouth, A. and Ogola, G. (Eds.) *The future of Quality News Journalism: A Cross-continental Analysis*. New York: Routledge.

Anderson, P.J.& Weymouth,A. (1999) *Insulting the Public?* The British Press and European Union. Harlow: Longman.

Aubert, A. (2008) "Rue89: Un Modèle horizontal de la production d'information?", *Media Morphoses*, n° 24: 99-104.

Aubert, A. (2009) *Rue89: Un Modèle horizontal de La production d'information ?*. Paris : Université Sorbonne Nouvelle.

Barret, N. (2009a) *Photographie de la profession des journalists: Etude des journalists détenteurs de la carte de journalists professionel de 2000 à 2008.* Paris: Observatoir des Meties de la Press.

Bentley, C. (2014) "U.S. Citizen Journalism and Alternative Online News Sites", in Anderson, P.J., Weymouth, A. and Ogola,G. (Eds.)*The Future of Quality News Journalism: A Cross-continental Analysis.* New York: Routledge.

Bell, A. (1991) *The Language of News Media.* Oxford: Blackwell.

Bergerot, A. (2009–2010). *La Consfruction du chanmp Profession net des Pure Players: Les cas de Rae 89 et de Medipart,* Uwinersité Stendhol Grenble 3.

Blackburst, C. (2014) "Finding Viable Business Models for Developed World Print and Online Newspaper Sectors", in Anderson, P.J., Weymouth,A. and Ogola,G. (Eds.) *The Future of Quality News Journalism: A Cross-continental Analysis.* New York: Routledge.

Bogart, L. (2004) "Reflections on Content Quality in Newspapers". *In Newspaper Research Journal*, 25(1): 40-53.

Bruns, A.(2008). *Blogs, Wikipedia, Second Life and Beyond: From Production to Produsage.* New York: Peter Lang.

Bruno,N & Nielsen,R.K. (2012) *Survival is Success: Journalistic Online Start-ups in Western Europe*, Oxford: University of Oxford Press.

Bunton, K. (1993) *Media Criticism as Professional Self-Regulation：A Study of U.S. Journalism Reviews*, Bloomington: Indiana University.

Creswell, J.W. (2009) *Research Design: Qualitative, Quantitative, and Mixed Methods Approaches*, London: Sage.

Charon, J.M.(1993) *Cartes de press: Enquête sur les journalistes.* Paris: Stock.

Cook, C.& Dickinson, A.(2014) "UK Social Media, Citizen Journalism and Alternative News", in Anderson, P.J., Weymouth,A. and Ogola,G. (Eds.)*The Future of Quality News Journalism: A Cross-continental Analysis.* New York: Routledge.

Colson, V.& Heinderyckx, F.(2008) "Do Online Journalists belong in the Newsroom? A Belgian Case of Convergence.", *Making Online News: The Ethnography of New Media Production.*Peterlang.143-146.

Curran, J., Des,F.& Freeman, N. (2012) *Misunderstanding the Internet*, London: Routledge.

De Grom.(2008) *Riverains de Rue89, qui êtes-vous?*, available at website: http://www.Rue89.com/making-of/2008/07/24/riverains-de-Rue89-quietes-vous. Last cisited on April,2013.

Deuze, M.(2008) "Toward a Sociology of Online News", in Chris, A. P.& David, D. *Making Online News.* Bern: Peter Lang.

Domingo, D.(2008) "Online Journalism: A Constructivist Approach to the Development of Online News", in Chris, A. P.& David, D. *Making Online News.* Bern: Peter Lang.

Durkheim, E.(1984) *The Division of Labor in Society*, London: Macmillan. 38-39.

Downing, J.(2003) "Audiences and Readers of Alternative Media: The Absent Lure of the Virtually Unknown", *Media Culture Society.*25(5):625-645.

Dugmore, H.& Ligaga, D.(2014) "Citizen Journalism in South Africa and Kenya: The Quandary of Quality and Prospects for Growth". in Anderson, P.J., Weymouth,A. and Ogola,G.(Eds.) *The Future of Quality News Journalism: A Cross-continental Analysis.* New York: Routledge.

Estienne, Y.(2007) *Le journalisme après internet*, Paris:l'Harmattan.

Fiss, B.& Braithwaite, J. (1983) *Impact of Publicity on Corporate Offenders*, New York: Sunny Press.

Farias, P. , Rojano, F.J., Roses, S.(1998) "Journalist in Sapin", in edited by David H.Weaver, Gnesskill, *Global Journalists: News Reople Around the World*, New York: Hampton Press.

Forde, S. (2011) *Challenging the News: The Journalism of Alternative and Community Media*. Palgrave Macmillan.

Gans, H.J. (1979)*Deciding what's news: A Study of CBS Evening News*, NBC Nightly News, Newsweek and Time, New York: Pantheon.

Gans, H.J.(1985), "Are u.s. Journalists Dangerously Liberal?" *Columbia Jounrnalism Review*, November, Recember. 29-33.

Guedes Bailey, O., Cammaerts, B. and Carpentier, N. (2008) *Understanding Alternative Media*. Maidenhead: Open University Press.

Galtung, J. &Ruge, M.H. (1965) "The Structure of Foreign News: The Presentation of the Congo, Cuba and Cyprus Crises in Four Norwegian Newspapers". *Journal of Peace Research*, 2 (1): 64-90.

Gamson, J.& Latteier, P.(2004) "Do Media Monster Devour Diversity? " Contexts 3, 26-32.

Harcup, T. (2004) *Journalism: Principles and Practice*, London:Saga.

Harcup, T. & O'Neill, D. (2001) "What Is News? Galtung and Ruge revisited", *Journalism Studies*, 2(2): 261-280.

Havey, D.(1990) *The Condition of Postmodernity: An Enquiry into the Origins of Cultural Change*. Oxford: Basil Blackwell.

Hartley, J.(1982) *Understanding News (Studies in Culture and Communication)*, London: Routledge.

Hallin, D.C. and Mancini, P.(1984), "Speaking of the President: Political Structure and Representa tional Form in U.S. and Ttalian Telelision New". *Theory and Society*, 13(6):829-850.

Hallin, D.C. and Mancini, P.(2004) *Comparing Media Systems: Three Models of Media and Politics*, London: Cambridge University Press.

Lavie, A. & Lehman-Wilzig, S. (2003), "Whose News? Does Gender Determine the Editorial Product?", *European Journal of Communication*, 18 (1):5-29.

Laitila, T. (1995) "Journalistic Codes of Ethics in Europe", *European Journal of*

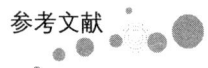

Communication, 10:527.

Laly, S. and Fico, F.(1990). "Newspaper Qualiy and Ownership: rating the groups.", Newspaper Research Journal 11(2):242-257.

Lashmar, P.(2014) "From the Insight Team to Wikileads: The continuing Power of Investigative Journalists as a Benchmark of Quality News Journalism", in Anderson, P.J., Weymouth,A. and Ogola,G. (Eds.) *The Future of Quality News Journalism: A Cross-continental Analysis*. New York: Routledge.

Lee, J.(1997), "Press Freedom and Democratization: South Korea's Experience and Some Lessons". *International Communication Gazette*, 59(2):135-149.

Mair, J.& Keeble, R.(Eds.)(2011) *Investigative Journalism; Dead or Alive?*. Bury St Edmunds: Abramis.

Meyer, P. (2003) *Quantifying Newspaper Quality: I Know It When I See It*, available online: http://www.unc.edu/~pmeyer/Quality_Project/quantifying_newspaper_quality.pdf. Last visited on 4 May 2013.

Meyer, P. (2010) *The Vanishing Newspaper: Saving Journalism in the Information Age*. Columbia: University of Missouri Press.

Merrill, J.C.(1985) "Is Ethical Journalism Simply Objective Reporting?", *Journalism Quarterly*, 62(2): 391-392.

Merrill, J.C.(1968) *The Elite Press: Great Newspapers of the World*. London: Pitman Pub. Corp.

McChesney, R.W. & Foster,J.B. (2003) "The 'Left-Wing' Media?", *Monthly Review*, 55(2): 1-16.

McMane, A.A. (1989b) *An Empirical Analysis of French Journalists in Comparison with Journalists in Britain*. West Germany and United States, Doctoral dissertation, School of Journalism, Indiana University, Bloomington, Indiana.

McMane, A.A. (1992b) "Vers un profil du journalism 'occidental': Analyse empirique et comparative des gens de presse en France, au Royaume-Uni", en Allemagne et aux Etats-Unis.*Reseaux*, 10(51):67-74.

McMane, A.A. (1993b) "A Comparative Analysis of Standards of Reporting Among French and U.S. Newspaper Journalists". *Journal of Mass Media Ethics*, 8(4): 207-218.

McMane, A.A. (1998) "The French Journalists", in edited by David H. Weaver, Cresskill, *Global Journalists: News People Around the World.* New York: Hampton Press.

Ortolani, A.(2014) "One Newsroom, Many Possibilities: How the Merging of Digital and Print Journalism in American Newsrooms is Shaping the Future of U.S. News Media", in P Anderson, P.J., Weymouth, A. and Ogola, G.(Eds.) *The Future of Quality News Journalism: A Cross-continental Analysis.* New York: Routledge.

Ogala, G. & Rodny-Gumede, Y. (2014) "The Future of Quality News Journalism and Media Accountability in South Africa and kenya", in Anderson, P.J., Weymouth, A. and Ogola, G. (Eds.) *The Future of Quality News Journalism: A Cross-continental Analysis.* New York: Routledge.

Palmer, P.J. (1998) "News Production, News Values", in A. Briggs & P. Cobley (Eds.), *The Media: An Introduction.* Harlow: Longman. 377-391.

Picard, R.G.(2000) "Measuring Quality by Journalistic Activity", *Measuring Media Content, Quality and Diversity. Approaches and Issues in Content Research.* Turku School of Economics and Business Administration.

Randall, D.(2000) *The Universal Journalists.* London: Pluto.

Ramrajsingh, A. (2012) *Les Pure players d'Information générale: support technologique, idéal journalistique, structure et discours economiques*，available at website: http://www.cairn.info/article.php?ID_ARTICLE=ENIC_011_0009.Last visited on March 5,2012.

Rieffel, R.(2005) *Sociologie des médias.* Paris: Ellipses.

Shoemaker, P.J. (1991) *Gatekeeping (Communication Concepts)*, London: Sage.

Sonwalka, P. (2014) "Where More is not Better: Challenges Facing Quality News Journalism in 'Shining' India", in Anderson, P.J., Weymouth, A. and Ogola, G. (Eds.) *The Future of Quality News Journalism: A Cross-continental Analysis.* New York: Routledge.

Sergeant, J.(2001) *Give Me Ten Seconds*, Macmillan Publishing Company.

Schumpeter, J. A. (1918) *Die Krise des Steuerstaats*, Leipzig: Leuschner & Lubensky.

Stake, R.E. (1995) "The Art of Case Study Research", Thousand Oaks, London: Sage. 49-68.

Schudson, M. (2005) "Four Approaches to the Sociology of News". in J. Curran, & M.Gurevitch (Eds.), *Mass Media and Society*. London: Hodder Arnold.

Schulz, W.F. (1982) "News Structure and People's Awareness of Political Events", *International Communication Gazette*. 30: 139-153.

Scheuer, J. (2008) *The Big Picture: Why Democracies Need Journalistic Excellence*, London: Routledge.

Shapiro, I.(2010) "Evaluating Journalism", *Journalism Practice*. 4(2):143-162.

Sparks, C.&Tulloch, J.(2000). "Introduction: The Panic over Tabloid News". In C. Sparks & J. Tulloch(Eds.) *Tabloid Tales: Global Debates over Media Standards*. ML: Rowman Little fild Publishers. Inc.

Strömbäck, J. (2005) "In Search of a Standard: Four Models of Democracy and Their Normative Implications for Journalism", *Journalism Studies,* 6(3): 331-345.

Stephen, L.& Martin, H.J.(2004) "Competition, Circulation and Advertising". *Newspaper Research Journal*, 25(1): 18–39.

Sirkkunen, E& Cook,C.（Eds.）(2012). *Chasing Sustainability on the Net; International research on 69 Journalistic Pure Players and Their Business Models*, Finland: Juvenes Print.

Tönnies, F. (2001)*Community and Civil Society*, London: Cambridge University Press.

Yves, A. (2002) *Manuel du Journalisme*, Paris: La Découverte.

Zhao, Y. *Between the Party Line and the Bottom Line: Reform, commercialization, and Democratic Prospects for News Media in China*. IL: Uninersity of Iuinois Press.

Wu, H.D. (2000) "Systemic Determinants of International News Coverage: A Comparison of 38 Countries", *Journal of Communication*, 50 (2): 110-130.

Weaver, D.H. (Eds.)(1998) *The Global Journalists: News People around the World*, New Jersey: Hampton Press.

Weaver, D.H. & Beam,R.A.(Eds.)(2007) *The American Journalist in the 21st Century: US News People at the Dawn of a New Millennium*. New York: Routledge.

Winch, S.P.(1997) *Mapping the Cultural Space of Journalism: How Journalists Distinguish News from Entertainment*. London: Praeger Pub Text.

图书在版编目（CIP）数据

网生新闻网站与高品质报道：来自欧洲的最新实践与经验 / 赵如涵著．
—北京：中国传媒大学出版社，2016.9

（中国传媒大学青年学者文丛）

ISBN 978-7-5657-1813-7

Ⅰ.①网… Ⅱ.①赵… Ⅲ.①新闻—网站—研究 Ⅳ.① G206.2

中国版本图书馆 CIP 数据核字（2016）第 214928 号

网生新闻网站与高品质报道
——来自欧洲的最新实践与经验
WANGSHENG XINWEN WANGZHAN YU GAOPINZHI BAODAO
——LAIZI OUZHOU DE ZUIXIN SHIJIAN YU JINGYAN

著　　者：	赵如涵
策　　划：	冬　妮
责任编辑：	张　旭
特约编辑：	沈梦绮
封面设计：	郭　琳
责任印制：	阳金洲

出版发行：	中国传媒大学出版社
社　　址：	北京市朝阳区定福庄东街1号　邮编：100024
电　　话：	86—10—65450528　65450532　传真：65779405
网　　址：	http://www.cucp.com.cn
经　　销：	全国新华书店
印　　刷：	北京玺诚印务有限公司
开　　本：	710mm×1000mm　1/16
印　　张：	14.75
字　　数：	145千字
版　　次：	2016年9月第1版　2016年9月第1次印刷
书　　号：	ISBN 978-7-5657-1813-7/G·1813　定价 59.00元

版权所有　　翻印必究　　印装错误　　负责调换